PRAXIS UND ERFOLG BAND 11

Dieter Bischop

# SYSTEMISCHE MEDIATION

Auflösen von emotional eskalierten Konflikten
in Familien, Teams (Mobbing), Unternehmen
oder Unternehmensnachfolgen

Ludwig

Die Reihe PRAXIS & ERFOLG wird herausgegeben von Dr. Nils Borstnar.

Bibliografische Information Der Deutschen Bibliothek

Die Deutsche Bibliothek verzeichnet diese Publikation in der
Deutschen Nationalbibliografie; detaillierte bibliografische
Daten sind im Internet über http://dnb.ddb.de abrufbar.


Holtenauer Straße 141
24118 Kiel
Tel.: 0431–85464
Fax: 0431–8058305
www.verlag-ludwig.de
info@verlag-ludwig.de

Lektorat: Dr. Jennifer Lorenzen-Peth

Gedruckt auf säurefreiem und alterungsbeständigem Papier
Printed in Germany

ISBN 978-3-86935-267-1

# Inhalt

# VORWORT

*Für meine Kinder*

**Es geht nicht darum, Menschen zu motivieren, sondern damit aufzuhören, Menschen zu demotivieren – deshalb ist das Einhalten der Systemgesetze oberste (Führungs-) Aufgabe.**

Das fängt bei den Eltern als Führungspaar an und hört als Führungskraft in Unternehmen auf.

Meine Großmutter und meine Eltern waren und sind für mich Vorbild und somit auch für viele Themen in diesem Buch. Vielen lieben Dank dafür.

Da einer meiner Werte »Wirkung erzielen« ist, d.h. die Ziele der Klienten ökologisch zu erreichen, die Ursachen für Bremsen aufzudecken und dann aufzulösen, habe ich viele Methoden wie NLP, Familien-, Organisations- und systemische Aufstellungen, Synergetik, Quantenmechanik, Chaostheorie, Coaching, Team- und Organisationsentwicklung kombiniert und weiterentwickelt. Daraus ist die systemische Mediation entstanden, die zusätzlich zur klassischen Mediation mit den Systemgesetzen und Coaching arbeitet. Lassen Sie sich dazu im Buch überraschen.

Für die Durchsicht des Manuskripts und den sehr hilfreichen und wertvollen Feedbacks danke ich Stephanie Karstens-Bock, Annika Dulige, Randolph Moreno Sommer und meiner Tochter Lea Bischop. Von meinen Kunden im privaten und beruflichen Kontext sowie in den Ausbildungen und von meinen Kollegen konnte ich viel lernen und meine Methoden weiterentwickeln. Vielen Dank für das Vertrauen und die Möglichkeiten.

Bei meinem Herausgeber Dr. Nils Borstnar und meinem Verleger Dr. Steve Ludwig bedanke ich mich für die Möglichkeit, das Buch in dieser ansprechenden Form zu veröffentlichen.

Meiner Lektorin Dr. Jennifer Lorenzen-Peth vom Verlag Ludwig gilt mein besonderer Dank für die langjährige tolle Zusammenarbeit und für ihre unterstützenden Antworten auf meine Fragen und ihr stetiges und stets wohlwollendes Feedback.

Liebevoll danke ich meiner Frau einerseits dafür, dass wir in den letzten 30 Jahren gelernt haben, Konflikte immer einfacher zu lösen und ich dadurch viele Methoden weiterentwickeln konnte. Und andererseits, dass sie mir den zeitlichen Freiraum für meine Arbeit und für das Schreiben dieses Buches schenkte.

Dr. Dieter Bischop im Mai 2016

# EINLEITUNG

**Konflikte (lat. conflictus = Zusammenstoß, (Wider-)Streit, Zwiespalt, Kampf) sind nicht schön, aber alltäglich**
Konflikte werden zwischen Unternehmen, Geschäftspartnern, Kollegen am Arbeitsplatz, im Handel, in Familien (Nachfolgeregelung), in Lebensgemeinschaften (Ehe-, Geschäfts- oder anderen), zwischen Mietern und Vermietern oder Nachbarn und Freunden ausgetragen. Sie kennen das genau, Konflikte sind furchtbar kraftzehrend und Nerv tötend. Häufig resultieren sie aus verschiedenen Wahrnehmungen, Missverständnissen, unterschiedlichen Interessen oder Systemgesetzverletzungen.

**Streiten will gelernt sein**
Konfliktklärung muss kein streitiges Verfahren und der Gang zum Gericht werden. Damit geben beide Parteien die Kontrolle über das Verfahren und dessen Ergebnis weitgehend aus der Hand. Meistens kommt dabei ein Vergleich oder Kompromiss heraus, mit dem sich beide Seiten als Verlierer fühlen, und die verletzten Gefühle und Streitigkeiten bleiben. Das kostet Zeit, Geld und Nerven. Streiten will gelernt sein!

**Führungskräfte müssen Konflikte lösen**
Vielfach wissen Führungskräfte nicht, wie sie einen Konflikt lösen können, wenn eine Klärung auf der Sach- oder Beziehungsebene keinen Erfolg hat. Die einen nehmen in Kauf, dass sie täglich an verschiedenen Baustellen schlichten, die anderen übersehen die Symptome und machen so lange weiter »Business as usual«, bis es ordentlich knallt oder es zum Mobbing kommt.

**Systemische Mediation (griech. medos = vermittelnd, unparteiisch, neutral und lat. mediatio = Vermittlung) – Konflikte können dauerhaft gelöst werden**

Nach meiner Erkenntnis ist der Ausgangspunkt aller Konflikte und von Mobbing zu 99 % in verletzten Systemgesetzen zu finden. Systemgesetze sind Gesetze, die unmittelbar in Systemen wie Unternehmen, Familien, Paaren oder andere Gemeinschaften wirken und das Miteinander organisieren. Sie wirken im Verborgenen und sind den meisten Menschen unbekannt (auch Führungskräften). Dennoch spürt man sie (unbewusst) und wird von ihnen beeinflusst, bei Missachtung in negativer Form (auch wenn die Absicht der Handlung positiv gemeint war).

**Systemischer CoachMediator als neutraler Dritter**

Es ist hilfreich und überraschend positiv, einen CoachMediator als neutralen Dritten einzuschalten. Der CoachMediator ist allparteilich und unparteiisch und bringt das Gespräch wieder in Gang. Der CoachMediator klärt Sichtweisen und Interessen, entwickelt neues Vertrauen und stößt neue, kreative, vielleicht auch ungewohnte Lösungsoptionen an. So können beispielsweise aufwändige Gerichtsverfahren vermieden werden. Vorhandene Systemgesetzverletzungen und emotional eskalierte Konflikte lassen sich vielfach durch die systemische Mediation und die Ergänzung durch Coaching (CoachMediator) dauerhaft auflösen.
Was unterscheidet nun die klassische Mediation von der systemischen Mediation?

*Lassen Sie sich im Buch dazu überraschen.*

Im ersten Kapitel mit dem Titel **Systemgesetze in der systemischen Mediation** erhalten Sie einen Überblick über den Unterschied zwischen der klassischen und der systemischen Mediation und was es mit den Systemgesetzen auf sich hat. Ein typischer Konfliktverlauf wird aufgezeigt und welche Voraussetzungen gebraucht werden, um eskalierte Konflikte bzw. Systemgesetzverletzungen zwischen zwei Personen aufzulösen.

Das zweite Kapitel überträgt die Konfliktlösungsmethoden für zwei Personen auf **Konflikte in Teams und Mobbing**-Problematiken. Dazu wird ein typisches Vorgehen des CoachMediators vorgestellt. Einerseits wird dargestellt, mit welchen Beteiligten zuerst gesprochen wird, und andererseits werden die angewendeten Methoden wie die Erstellung eines Systemogramms oder eines Zeit-/Ursachen-Diagramms erklärt.

Thema des dritten Kapitels ist die **Auftragsklärung**. Welchen Auftrag erhält der CoachMediator und kann er diesen Auftrag stimmig annehmen? Es wird ein System-Fragen-Katalog vorgestellt, der dabei hilft, den Auftrag (den Hut) während des Prozesses (auf-) zu behalten. Der SystemCheck bzw. die Ökologie- sowie die KDW-Fragen zur Auftragsklärung werden ausführlich vorgestellt.

Das führt zum vierten Kapitel **Coaching in der systemischen Mediation**. Coaching wird in der systemischen Mediation zur Herstellung der beiden Voraussetzungen »Es war mal gut/neutral« und »Beide sind ausgeglichen kraftvoll genug zum Zeitpunkt der ersten Verletzung« bei den Konfliktparteien und zur Persönlichkeitsentwicklung des CoachMediators genutzt. Coaching und Mediation gehören in der systemischen Mediation integral zusammen, dies soll der Begriff **CoachMediator** verdeutlichen.

Im fünften Kapitel werden **Gründe dafür aufgeführt, dass die Voraussetzung: »Es war mal gut/neutral« nicht erfüllt ist** und wie diese Voraussetzung hergestellt werden kann. Diese wird als eine von den fünf Voraussetzungen zur Auflösung von Systemgesetzverletzungen gebraucht. Hierbei werden Bereiche des Coachings und der Persönlichkeitsentwicklung gestreift.

Im sechsten Kapitel wird die **systemische Paarmediation** erläutert. Das siebte Kapitel befasst sich mit der **systemischen Mediation in der Teamentwicklung**. Es werden die sieben Teamentwicklungsebenen vorgestellt, wobei die Basisebene die Systemgesetzebene ist. Ein typisches Vorgehen des CoachMediators für eine Teamentwicklung wird dargestellt. Neben dem Vorgehen zur Konfliktlösung wird eine Übung zur Erarbeitung einer Teamvision und einer Teammetapher aufgeführt.

Im letzten Kapitel erhalten Sie einen Überblick über die **systemische Mediation bei der Unternehmensnachfolge.** Ein erprobtes Vorgehen und welche Voraussetzungen gebraucht werden, damit eine Nachfolge gelingen kann, wird aufgezeigt.

*Ich wünsche Ihnen eine konfliktlösende und entspannende Reise!*

# KAPITEL 1: SYSTEMGESETZE IN DER SYSTEMISCHEN MEDIATION

In diesem Kapitel werden die Grundlagen der systemischen Mediation beschrieben, die sich von der allgemein bekannten klassischen Mediation unterscheidet. Der Unterschied besteht einerseits darin, dass nicht der gegenwärtige konflikthafte Zeitpunkt im Fokus steht, sondern zuerst der Zeitpunkt gesucht wird, an dem es noch für alle Beteiligten gut war, und andererseits wird mit den Systemgesetzen als Basis jeder Kommunikation gearbeitet. In meinen beiden Büchern »Coachen und Führen mit System«, Kiel 2010, und »Persönlichkeitsentwicklung mit System«, Kiel 2014, wurden diese Gesetze bereits ausführlich vorgestellt, was ich hier in Auszügen wiederhole.

## Die Systemgesetzebene als Fundament der Kommunikationsebenen

Zu den beiden Kommunikationsebenen, Sach- und Beziehungsebene (vgl. V. Satir 1996) habe ich noch eine dritte hinzugefügt: die **Systemgesetzebene**. Sie ist das Fundament. Diese Ebene entscheidet darüber, ob die Beziehungs- und Sachebenen funktionieren und stabil sein können. Ähnlich wie ein Haus, das ein solides Fundament benötigt, um darauf die Stockwerke setzen zu können. Gleichzeitig ist es zur Bearbeitung von Konflikten sehr hilfreich, diese dritte Ebene zu nutzen, denn die meisten Menschen wollen sich in einem Konflikt nicht die Beziehungsebene anschauen. Einerseits haben die meisten davor Angst und andererseits ist es normalerweise gar nicht hilfreich, denn die Ursache liegt im Fundament. Genauso wenig ist es sinnvoll, ein schadhaftes Dach zu reparieren, wenn nicht vorher die Ursache dafür aufgedeckt wurde. Denn die Ursache für Konflikte ist meiner Erfahrung nach zu 99 Prozent auf der Systemgesetzebene zu finden, also im Fundament.

**Systemgesetzebene und Systemgesetze** von Dr. D. Bischop

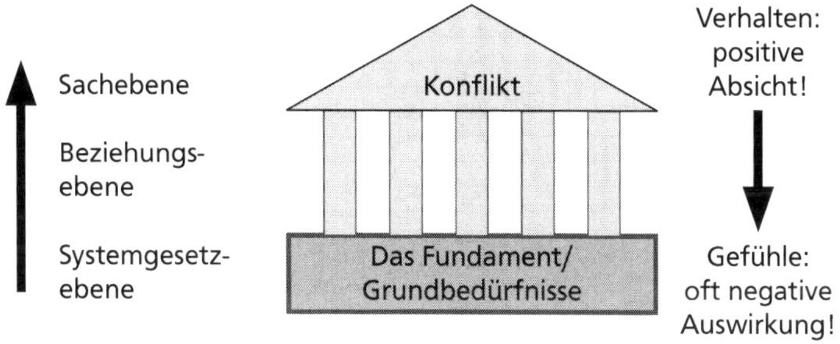


**Die drei Lösungs- und Kommunikationsebenen**

**Die Pfeilrichtung von der Systemgesetzebene zur Sachebene bedeutet:** Der Pfeil von der Systemgesetzebene zur Beziehungs- und dann zur Sachebene auf der linken Seite in der Abbildung sollen die Wirkung verdeutlichen. Verletzungen auf der Systemgesetzebene wirken sich negativ auf die Beziehungsebene aus und erschweren die Zusammenarbeit auf der Sachebene. Unlösbare Konflikte zeigen sich dann auf der Sachebene, und die Positionen sind verhärtet. Dadurch können aber auch wieder Verletzungen oder negative Auswirkungen von der Sachebene zur Beziehungs- und Systemgesetzebene erfolgen, dargestellt durch den rechten von oben nach unten verlaufenden Pfeil.

**Pfeilrichtung von der positiven Absicht zur negativen Auswirkung:** Auf der rechten Seite in der Abbildung finden Sie eine Erklärung dafür, wieso es zu Systemgesetzverletzungen kommt, ohne dass dieses beabsichtigt war oder ist. Denn viele Menschen, seien es Ehepaare oder Geschäftspartner, fragen sich, warum sich ihre vorher gute Beziehung verschlechtert hat. Früher konnten sie ihre Konflikte noch selbst lösen, da stimmte die Beziehung noch.

Es ist sinnvoll, davon auszugehen, dass jeder Mensch in jedem Moment das Beste für sich tut, was ihm gerade möglich ist. Also hat er in seinem Handeln oder Verhalten, was sich oft – aber nicht nur – auf der Sachebene zeigt, eine positive Absicht für sich selbst.

Daneben gibt es auch noch die positive Absicht für das Gegenüber, d. h. das Beste für das Gegenüber zu wollen. Wenn diese positiven Absichten, egal ob für sich selbst oder für den anderen, nicht ausgesprochen werden, so kommt es oft zu negativen Auswirkungen auf der Systemgesetzebene. Meistens ist dem Verursacher, demjenigen mit der positiven Absicht, diese Verletzung nicht bewusst. Positive Absichten im Handeln können negative Auswirkungen haben und führen häufig zu verletzten Gefühlen auf der Systemgesetzebene.

**Zwei Beispiele sollen das verdeutlichen:**

**Beispiel 1:** Im Straßenverkehr drängelt sich jemand vor.

**Sachebene – positive Absicht:** Der Vordrängler macht für sich das Beste, weil er beispielsweise schnell zu einem Termin muss und schon spät dran ist. Normalerweise hat er nicht die Absicht, dass sich der Autofahrer, dem er sich vorgedrängelt hat, schlecht fühlt.

**Systemgesetzebene – negative Auswirkung:** Der Autofahrer, dem vorgedrängelt wurde, fühlt sich nicht respektiert, und als Folge davon fühlt er sich schlecht und wird wütend. Hebt der Vordrängler nicht die Hand als Zeichen der Anerkennung, so werden sich die Beziehungs- und Sachebene verschlechtern. Der verletzte Autofahrer wird eventuell Gas geben und sich selbst vordrängeln und damit den ersten Vordrängler verletzen. So fängt die Schleife der Verletzungen an, die immer weiter eskalieren kann.

**Lösung:** Dem Vordrängler ist die mögliche Gefühlsauswirkung beim Vorgedrängelten bekannt, denn bei ihm hat sich auch schon mal jemand vorgedrängelt. Er kennt also das Basisgefühl des sich Schlechtfühlens und des Ärgers/der Wut.
Deshalb hebt der Vordrängler sofort mit der richtigen inneren Haltung seine Hand als Zeichen für: »Es war nicht meine Absicht, es tut mir leid, falls du dich schlecht fühlst. Ich übernehme dafür die Verantwortung, d.h. ich nehme auch Wut von dir.« Dadurch löst sich

normalerweise das verletzte Gefühl sowie die Wut auf und die Situation deeskaliert.
Dies geschieht, ohne dass der (zuvor) verletzte Autofahrer die positive Absicht des anderen, also den Grund dafür, dass er sich vorgedrängelt hat, kennt. Hieran sehen Sie, dass es nicht nötig ist, die positiven Absichten zu wissen, sondern nur, dass die Systemgesetze anerkannt und die Verletzungen gesehen und aufgelöst werden.
Teilt der Vordrängler jedoch seine Gründe mit, z. B. dass er schnell zu einem Termin muss, der ganz wichtig ist, so wird oft die Auflösung der Verletzung wieder rückgängig gemacht, da der Verletzte sich vielleicht sagt: »Als wenn ich nicht auch schnell nach Hause oder zu einem Termin will/muss.«
Die Erklärung der positiven Absichten kommt eher als Rechtfertigung an und ist nicht hilfreich für die Auflösung von Verletzungen auf der Systemgesetzebene.
Da im Straßenverkehr nicht die »Warum hast du das gemacht?«-Frage gestellt werden kann, wird das Verhalten nicht erklärt oder gerechtfertigt. Deshalb lösen sich solche Systemgesetzverletzungen nur durch das »Hand-Heben« ohne Rechtfertigung wieder auf.

**Beispiel 2:** Paarmediation: »Ich wollte nie einen Mann aus dem Osten, der bei der Marine ist.«

In einer Paarmediation (Ehepaar mit Kind) stellte sich heraus, dass die erste Verletzung dadurch entstand, dass die Partnerin zum Partner in der zweiten Woche nach dem Kennenlernen sagte: »Ich wollte nie einen Mann, der aus dem Osten kommt und bei der Marine ist.« Ihr Partner kam aus dem Osten und war zur damaligen Zeit bei der Marine angestellt.

**Sachebene – positive Absicht:** Die Frau wollte ihm dadurch deutlich machen, dass er trotzdem der Auserwählte ist und wie stark sie ihn liebt.

**Systemgesetzebene – negative Auswirkung:** Der Mann hatte zum damaligen Zeitpunkt die positive Absicht der Frau nicht verstanden und fühlte sich verletzt. »Will sie mich wirklich? Wieso sagt sie so etwas?«, waren seine Gedanken. Er hatte durch seine rosarote Brille auch nicht den Mut, ihr diese Fragen zu stellen, wodurch die Systemgesetzverletzung nicht sofort geklärt wurde und weiter wirkte. Am anderen Tag fuhren beide gemeinsam Auto, währenddessen er eine Stunde nicht mit ihr sprach. Das war für die Partnerin die erste Verletzung. So fing die Schleife der Verletzungen an, die immer weiter eskalierte.

**Lösung:** Der Partner konnte der Partnerin sagen: »Deine Aussage – keinen aus dem Osten und bei der Marine – hat bei mir Bauchschmerzen ausgelöst.« Die Partnerin war darüber erschrocken, denn sie hatte es ja mit ihrer Aussage gut gemeint. Sie konnte sein Leid anerkennen und dadurch löste sich seine erste Verletzung auf. Daraufhin konnten beide sich vorstellen, dass er bei der Autofahrt nicht eine Stunde geschwiegen, sondern wie in den Tagen davor sich mit ihr unterhalten hätte. Er konnte dann ihre verletzten Gefühle anerkennen, die ihm leid taten.
So gingen wir jeweils mit der neuen Vorstellung (die nächste Systemgesetzverletzung wäre nicht passiert, sondern es wäre gut gewesen) zur nächsten Systemgesetzverletzung (meistens abwechselnd) und konnten so alle größeren Verletzungen der letzten sieben Jahre auflösen.

An dieser Stelle wird näher auf die immer wieder auftauchende Frage eingegangen, was eine positive Absicht ist, und worin der Unterschied zwischen der eigenen und der für das Gegenüber liegt.
Im Beispiel 1 oben gibt es nur eine positive Absicht des Vordränglers. Er will schnell zum Termin. Er hat keine positive Absicht für den anderen Autofahrer.
Im Beispiel 2 oben gibt es zwei positive Absichten: Die Frau macht die Aussage, um ihrem Partner zu verdeutlichen, wie sehr sie ihn liebt. Sie hat für sich die positive Absicht, dass die Liebe wächst und sie ein Paar

bleiben. Gleichzeitig hat sie für ihren Partner die positive Absicht, dass er sich sicher fühlen soll und sie ein Paar bleiben.

Im Folgenden wird die Erweiterung der klassischen Mediation durch die Systemgesetze und die Systemgesetzebene und die Lösungsorientierung in die Vergangenheit vorgestellt.

## Systemische Mediation: Die klassische Mediation um die Systemgesetze verändert/erweitert und Lösungsorientierung in die Vergangenheit

Die klassische Mediation besteht aus **fünf Phasen:**

- **Auftragsklärung**
- **Themen und Positionen**
- **Interessen** (Sachebene und Beziehungsebene)
- **Lösung**
- **Vereinbarung**

Diese klassische Herangehensweise ist abgeleitet vom Verhandlungsmodell des Havardkonzeptes. Im Havardkonzept werden die Positionen, also der jeweilige Standpunkt, getrennt von den Sach-Interessen, die hinter den Positionen stehen, aufgedeckt.

**Ein Beispiel aus dem Havardkonzept:**
Zwei Töchter streiten sich um eine Orange. Sie gehen zu ihrer Mutter, damit die es klärt.

Die Positionen der Töchter lauten jeweils: Ich will die Orange.

Sachebene

Frage ich Menschen, wie sie diese Sache angehen würden, so erhalte ich sehr oft die Antwort: Teilen – jeder bekommt die Hälfte.
Gehen wir nun einen Schritt weiter und fragen nach den Sachinteressen, also warum es für die jeweilige Tochter wichtig ist, die Orange zu besitzen. Da gibt es folgende Interessen:
Die eine Tochter möchte den Saft trinken, und die andere Tochter benötigt die Schale zum Kuchenbacken. Die Lösung ist also ganz einfach: Die eine Tochter erhält den Saft, die andere die Schale.
So lässt sich auf der Sachebene eine Gewinner-Gewinner-Situation herstellen. Hätten beide nur die Hälfte erhalten, wäre keine wirklich zufrieden gewesen.
Diese Lösungsstrategie befindet sich noch auf der Sachebene, auch wenn nach den Sachinteressen hinter den Positionen gefragt wird.
Betrachten wir nun die Beziehungsebene und die dortigen Interessen, so geht es häufig um: »Wir wollen auch weiterhin zusammen arbeiten« oder: »Wir wollen eine gute Beziehung behalten oder wieder bekommen« oder bei den Töchtern: »Wir wollen uns wieder lieb haben.«

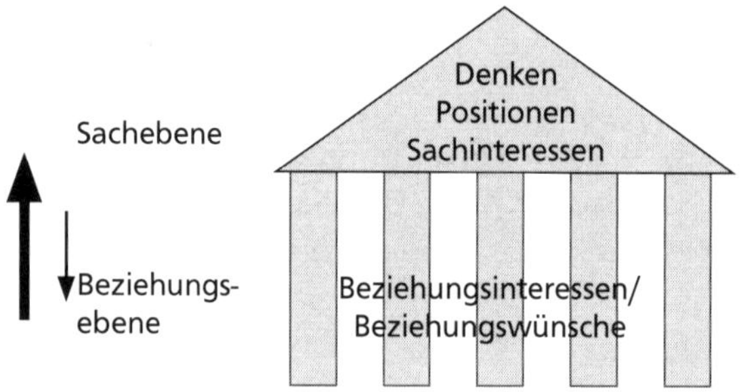


Diese 5-Phasen-Vorgehensweise ist sinnvoll, solange es sich nicht um Konflikte auf der Ebene der Systemgesetzverletzungen handelt. Wie wir gesehen haben, treten jedoch sehr viele Konflikte auf der Systemgesetzebene auf. Deshalb erweitere ich das Orangenbeispiel nun um die Systemgesetzebene.

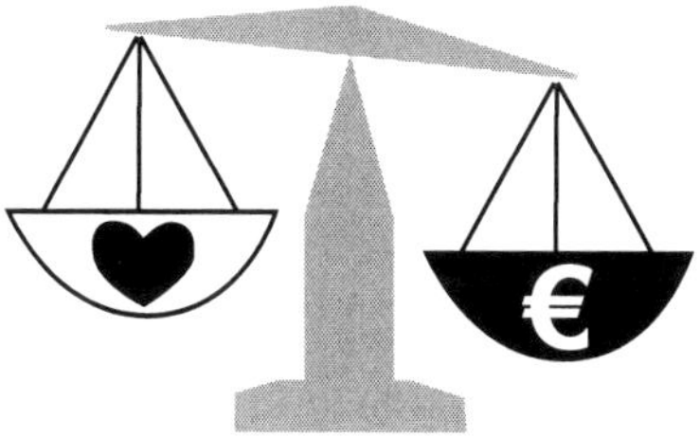

Liegt zwischen den Töchtern eine Systemgesetzverletzung vor, hat vielleicht die Jüngere in der letzten Zeit alle Orangen bekommen (das Gleichgewicht stimmt nicht), oder die Ältere wurde wiederholt von der Mutter übergangen, so wird die Frage nach den Sach- und Beziehungsinteressen nicht zu einer Lösung führen.
Es ist dann egal, ob die Jüngere den Saft zum Trinken möchte, die verletzte Ältere wird darauf erwidern, dass sie den Saft auch zum Backen brauche, selbst wenn sie ihn nicht benötigt. Unbewusst will die Verletzte den Konflikt aufrechterhalten, damit es zu einer grundlegenderen Lösung, also zur Auflösung der Systemgesetzverletzungen, kommt.

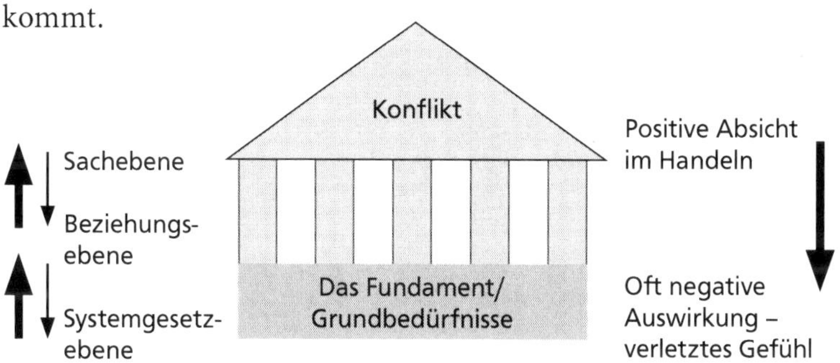


Solange Systemgesetzverletzungen und die verletzten Gefühle nicht aufgelöst werden, ist es nicht sinnvoll, nach Interessen zu fragen, denn sie führen nicht zu einer wirklichen Lösung. Das Fundament bleibt brüchig.
In diesem Fall ist die 5-Phasen-Vorgehensweise nicht sinnvoll. Hier geht es nicht um die Sammlung von Themen und Interessen, sondern darum, herauszufinden, wann die früheste Verletzung geschah. Wie man diese Verletzungen heilt, ist weiter unten beschrieben.

| Klassische Mediation | Systemische Mediation |
|---|---|
| Auftragsklärung | Auftragsklärung |
| Themen und Positionen<br>Interessen<br>Lösung | Systemgesetzebene sowie Systemgesetzverletzungen aussprechen und auflösen |
| Vereinbarung | Aktionsplan |

In der systemischen Mediation, die die Systemgesetzebene berücksichtigt, fallen die drei klassischen Ebenen – Themen und Positionen, Interessen und Lösung – in einer zusammen. Das Aussprechen einer Systemgesetzverletzung ist gleichzeitig ein sehr wichtiges Thema, ein Interesse und auch ein Teil der Lösung. Geht der Konfliktpartner nun auf diese Verletzung ein, indem es ihm leid tut, so kommt es zu einer **generellen** Klärung und Lösung.

**Fazit: Klassische Mediation nur dann, wenn keine Systemgesetzverletzungen vorliegen**

Klären Sie in einer Mediation zuerst, auf welcher Ebene der Konflikt liegt, auf der Sach-, Beziehungs- oder Systemgesetzebene. Liegt er auf der Sachebene, dann können Sie die klassische Mediation mit den fünf Phasen anwenden. Befindet er sich aber auf der Beziehungs- oder Systemgesetzebene – was zu 99 % meiner Erfahrung entspricht –, so sollten Sie die fünf Phasen nicht mehr anwenden, sondern das weiter unten beschriebene Vorgehen.

**Systemische Mediation: Fundament wiederherstellen, damit eigenständig Lösungen gefunden werden können.**

In der systemischen Mediation werden die Verletzungen auf der fundamentalen Systemgesetzebene aufgelöst, so dass die Konfliktparteien dann selber wieder fähig werden, ihre Sachthemen eigenständig oder mit Unterstützung durch einen Moderator zu klären. Und erst dann können externe Berater wie Steuerberater oder Anwälte sinnvoll genutzt werden, um auf der Sachebene eine optimale Lösung zu finden.
Um Konflikte zu lösen, werden unterschiedliche Lösungsstrategien angewendet. Die Lösungsorientierung kann sich auf die Gegenwart, die Zukunft oder Vergangenheit beziehen.

**Lösungsorientierung in der Gegenwart**
In der klassischen Mediation wird der Konflikt normalerweise in der Gegenwart betrachtet. Liegen Systemgesetzverletzungen vor, also starke emotionale Verletzungen, so ist dieses Vorgehen oft kontraproduktiv. Entweder deckeln die Beteiligten ihre Gefühle und Themen oder es kommt zu einer Eskalation und Abbruch der Mediation. Deshalb werden dann auch keine Lösungen in der Gegenwart gefunden.
Oder in einer Teamentwicklung wird auf Moderationskarten von jedem aufgeschrieben, wie er sich das Miteinander vorstellt. Dann fallen dort Begriffe wie Offenheit, Vertrauen, aussprechen, was ist, Ehrlichkeit usw. Liegen jedoch Systemgesetzverletzungen vor, so sind diese Begriffe Grundbedürfnisse oder Wünsche, die jedoch nicht gelebt werden können. Nach kurzer Zeit wird dagegen verstoßen und das Team fühlt sich noch schlechter als vor der Teamentwicklung.

**Lösungsorientierung in die Zukunft**

Ein weiterer Ansatz ist, Lösungen zu finden, indem lösungsorientiert in die Zukunft gegangen wird.

Angeleitet beispielsweise durch folgende Anweisung: »Gehen Sie in die Zukunft, soweit, bis Sie wissen, dass die Situation kein Problem mehr ist. Es ist gelöst. Gehen Sie immer weiter in die Zukunft, bis sich Ihr Gefühl verändert und Sie sich im ›7. Himmel‹ befinden. Wenn Sie dort sind, dann beschreiben Sie kurz Ihr Gefühl und wie es dort ist (wo, wer, was usw.). Und wie würde dann eine Lösung aussehen?«

Auch hier gilt: Liegen Systemgesetzverletzungen vor, so finden die Beteiligten diesen Punkt in der Zukunft, an dem es gut wird, nicht. Systemgesetzverletzungen bleiben, da hilft auch keine Zeit, die die Wunden heilt. Die Beteiligten sagen dann: »Selbst auf meinem Sterbebett ist es nicht gut.« Also bleibt nur die Richtung, in die Vergangenheit zu schauen.

**Lösungsorientierung in die Vergangenheit**

Liegen Systemgesetzverletzungen vor, so lassen sie sich nur auflösen, wenn lösungsorientiert in die Vergangenheit gegangen wird und der Zeitpunkt gefunden wird, an dem es noch gut war, es also noch keinen Konflikt gab. Von da aus lassen sich unter bestimmten Voraussetzungen, die weiter unten beschrieben werden, die gesamten gegenseitigen Systemgesetzverletzungen auflösen, so dass es dann möglich ist, da die Basis hierfür hergestellt wurde, eine Lösung zu finden.

- Wann war es noch gut?

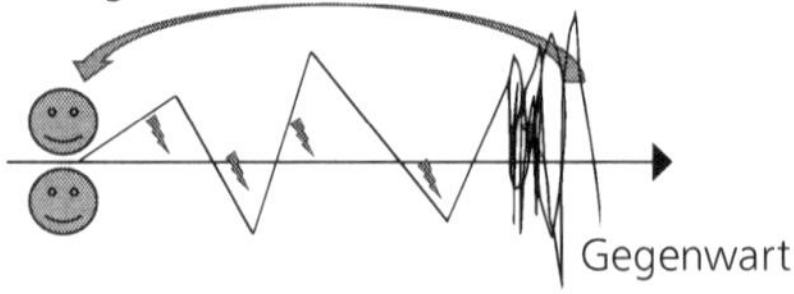

**Systemische Mediation: Lösungsorientiert in die Vergangenheit gehen:**

1. *Wenn Sie sich an Ihr Kennenlernen erinnern, wie war es da? War es gut?*
2. *Wann war es noch gut/neutral?*

Gehen Sie oder Ihr Klient innerlich, wenn Sie eine Verletzung oder einen Konflikt bearbeiten wollen, nicht gedanklich in diese Situation. Sie werden sich dann wieder genauso schlecht fühlen wie im damaligen Augenblick. Gehen Sie innerlich immer einen Schritt davor, wo es noch gut war. Nur so können Sie diese Themen von Grund auf abarbeiten.

**Fazit:** Liegen Systemgesetzverletzungen vor, so führt nur die Lösungsorientierung in die Vergangenheit zum Ziel.

## Die 10 Systemgesetze

Die Systemgesetze in einem menschlichen System (Team, Familie, Organisation, Unternehmen, Länder, ...) wirken im Verborgenen. Sie sind den Menschen normalerweise nicht bewusst. Ihre Wirkung spürt der Einzelne oder das gesamte System jedoch in positiver oder negativer Motivation. Werden diese Systemgesetze eingehalten, so ist das ganze System motiviert. Die Beziehungen stimmen, jeder einzelne fühlt sich unterstützt, gestärkt usw. Werden diese Gesetze missachtet, so werden das System und jeder einzelne geschwächt.
Das wichtigste Systemgesetz ist die »**Zugehörigkeit zum eigenen System**«, denn das bedeutet Überleben. So ist es heute noch im Tier-

reich, und wir bringen dieses Erbe, das in unseren Verhaltensprogrammen gespeichert ist, mit.

Das zweitwichtigste Systemgesetz ist »**Gegenseitige Anerkennung, Wertschätzung und Respekt**«. Kein System kann ohne Anerkennung langfristig funktionieren. Hier nun die Systemgesetze in der Reihenfolge ihrer stärksten Wirkung (vgl. Bischop, D., 2010: »Coachen und Führen mit System«, S. 23 ff):

| Systemgesetz | Bemerkungen |
|---|---|
| 1. Recht auf Zugehörigkeit (kein Ausschluss) (Person, Kultur, Idee ...) | Das Allerwichtigste, denn es sorgt für das Überleben |
| 2. Recht auf Anerkennung, Wertschätzung, Respekt (Person, Kultur, Ordnung ...) | Ohne Anerkennung kann kein System funktionieren |
| 3. Recht auf Gleichgewicht von Geben und Nehmen | Jeder hat ein Gefühl dafür, ob es ausgeglichen und gerecht ist. |
| 4. Früher hat Vorrang vor später ←—— | Gesetze 4–6 ergeben eine Ordnung oder Reihenfolge in sich. Danach hat Gesetz 4 Vorrang vor Gesetz 5 und Gesetz 5 hat Vorrang vor Gesetz 6. |
| 5. Höhere Verantwortung/ höherer Einsatz hat Vorrang ←—— | Vorrang wird durch Anerkennung gezeigt, hier dargestellt durch Pfeile |
| 6. Mehr Kompetenz/mehr Wissen hat Vorrang ←—— | Anerkennung zeigen heißt, anerkennend handeln |
| 7. Neues System hat Vorrang vor altem System | Gilt nur, wenn alle sechs vorherigen Systemgesetze eingehalten werden und die Früheren es mit innerer Überzeugung sagen. |
| 8. Gesamtsystem hat Vorrang vor Einzelperson oder Untersystem | Führt oft zu Systemgesetzverletzungen, wenn nicht Gesetz 9 angewendet wird |
| 9. Aussprechen/anerkennen, was ist | Gesetze 9 und 10 sind die beiden Schlüssel, entweder zum Lösen von Systemgesetzverletzungen oder bei beabsichtigter Umkehrung der Ordnung der Gesetze 4–6 |
| 10. Ausgleich schaffen | Ausgleich schaffen ist erst dann möglich, wenn Systemgesetz 9 durchgeführt wurde |

In meinem ersten Buch »Coachen und Führen mit System«, Kiel 2010, S. 23 ff, werden ausführlich Beispiele für die 10 Systemgesetze gegeben. Ein paar Beispielaussagen sollen Verletzungen auf der Systemgesetzebene im Folgenden verdeutlichen.

**1. Recht auf Zugehörigkeit (kein Ausschluss) verletzt:**
Übergangen, resigniert, links liegen gelassen, zu spät gekommen, nicht informiert, Erwartungen nicht ausgesprochen, Erwartungen nicht erfüllt, über mich mit anderen geredet, fremd gegangen, nicht beachtet, petzen, keine Zeit, vorgeben, keine Zeit zu haben, Mobbing, Burnout ...

**2. Recht auf Anerkennung, Wertschätzung, Respekt verletzt:**
Missachtung, respektlos, keine Zeit, kein Feedback, Kritik, wertlos, kein Lob, kein Dank, Gesichtsverlust, Statusverlust, degradiert, übergangen, zu spät gekommen, »Du bist ...«-Aussage wie: »Du bist harmoniesüchtig«, ...

**3. Recht auf Gleichgewicht von Geben und Nehmen verletzt:**
Ungerecht, wer ist wichtiger, unausgeglichen, andere bekommen mehr, fehlender Ausgleich, es reicht nie, Schmerzensgeld, Dienst nach Vorschrift, stehe wohl an hinterer Stelle, ...

**4. Früher hat Vorrang vor später verletzt:**
Vorgedrängelt, ins gemachte Nest gesetzt, vorgezogen, der Alte muss weg, ... Wenn diese Verletzung vorliegt, sind gefühlt die ersten drei Systemgesetze auch verletzt. Denn wenn sich jemand vordrängelt, schließt er die Früheren aus, erkennt sie nicht genügend an. Es ist ungerecht, denn die Früheren haben schon länger Einsatz gebracht.

**5. Höhere Verantwortung/höherer Einsatz hat Vorrang verletzt:**
Verantwortung nicht übernommen, Führungsvakuum, ist mein Vorgesetzter – weil vorgesetzt, fordere Loyalität ein, übergangen, allein entschieden, eigentlich könnte ich Chef sein, ...

**6. Höhere Kompetenz/höheres Wissen hat Vorrang verletzt:**
Weiß alles besser, Studierter, hat zwei linke Hände, ...

**7. Neues System hat Vorrang vor altem System verletzt:**
Der Alte lässt nicht los, sind deine Eltern oder ich wichtiger? ...

**8. Gesamtsystem hat Vorrang vor Einzelperson oder Untersystem verletzt:**
Macht alles für die Person und sieht uns nicht, Liebling, Nasenfaktor, Störfaktor, an die Wand fahren, gemeinsam in den Abgrund, ...
Solche Aussagen deuten auf Systemgesetzverletzungen hin. Genauso Sarkasmus, Ironie, Witze unter der Gürtellinie oder in bestimmten Fällen Humor.

## Ablauf von Systemgesetzverletzungen

**Was passiert bei einer Systemgesetzverletzung mit dem Menschen?**
Wird jemand ausgeschlossen, nicht respektiert, ist es ungerecht oder einer drängelt sich vor, so gibt es einen Ablauf von vier Schritten, der bei dem Verletzten passiert.

**1. Basisgefühle I:** Zuerst entsteht ein verletztes Basisgefühl I. Typische Beschreibungen von verletzten Basisgefühlen sind Bauchweh, Muskeln spannen sich an, weiche Knie, Zittern, Druck im Magen, heiß, kalt, Tränen schießen in die Augen, Zittern, Herzklopfen, etc. ... Je nach Stärke der Verletzung sind diese Gefühle stärker oder schwächer. Fast jeder kennt ein nicht so starkes Gefühl, wenn sich jemand im Straßenverkehr vordrängelt.

**2. Basisgefühle II:** Kurz danach (oft nur eine Sekunde später) entsteht das Basisgefühl II, nämlich Ärger oder Wut.

**3. Denken:** Erst nachdem die Basisgefühle entstanden sind, fängt die Person an, über die Verletzung nachzudenken. Es wird interpretiert und geschlussfolgert, je nachdem, welche »Brille« die Person schon trägt.

**4. Denkgefühle:** Dieses Nachdenken und Interpretieren erzeugt ein Gefühl, welches ich **Denkgefühl** nenne. Es steht in direkter Wechselwirkung zum Denken. Diese Denkgefühle werden oft folgendermaßen beschrieben: Ich fühle mich übergangen, nicht respektiert, es ist ungerecht ...

## Ablauf einer Systemgesetzverletzung 1–4

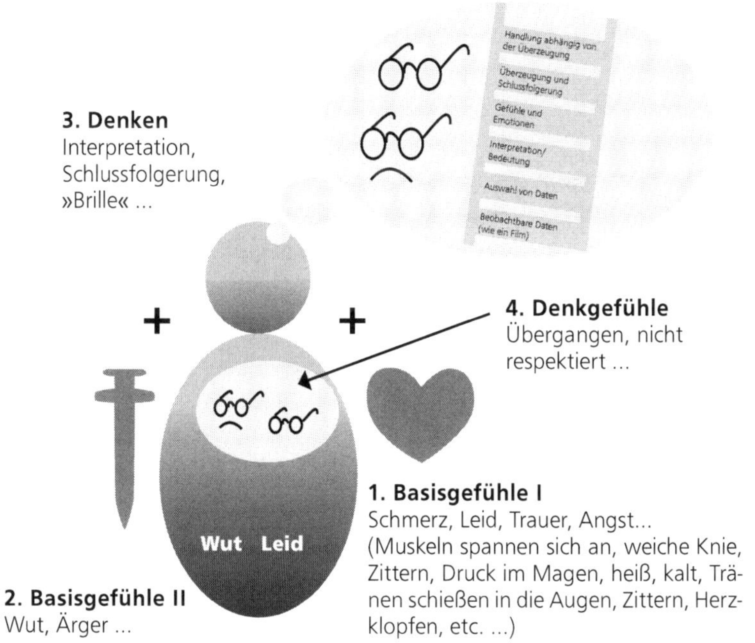

**Denken und Denkgefühle – die Interpretationsschleife/»Brille«**
Die Interpretationsschleife ist ein Erklärungsmodell dafür, wie eine Kommunikation oft abläuft und welche inneren Dynamiken und Rückkopplungsschleifen auftreten können. Treten Systemgesetzverletzungen auf, so ist diese Interpretationsschleife intensiver.

**Interpretationsschleife – Brille**

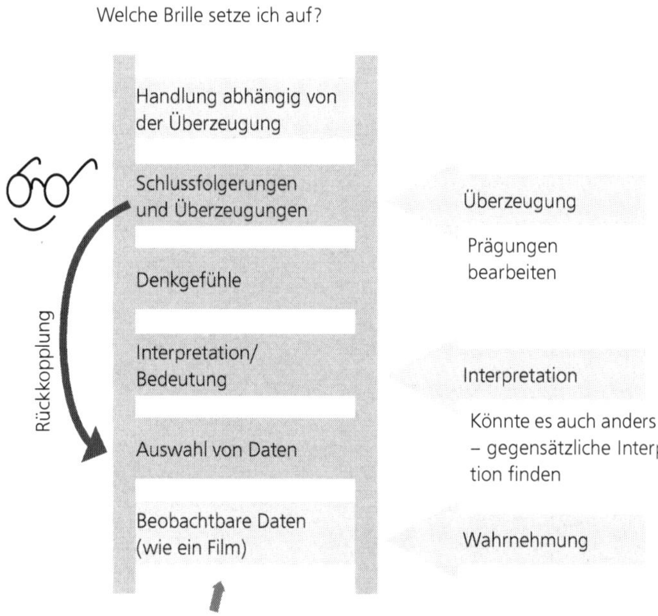


**Die reflexive Schleife (Rückkopplung):**
Meine Überzeugungen und Schlussfolgerungen beeinflussen, welche Daten ich beim nächsten Mal auswähle und wie ich sie interpretiere.

**Ein Beispiel: In einem Meeting oder Vortrag gähnt jemand**

1. Auswahl der Daten: Ein Teilnehmer gähnt.
2. Interpretation: Desinteresse oder Langeweile (mögliche andere typische Interpretationen wären: Sauerstoffmangel oder der Teilnehmer ist müde)
3. Denkgefühle: Ärger, Angst
4. Schlussfolgerungen und Überzeugungen: Entweder: Ich bin nicht gut genug, ich langweile ihn – wenn ich es auf mich beziehe. Oder: Der andere ist d..., der ist immer so usw. – wenn ich es auf ihn beziehe.
5. Handlung aufgrund der entwickelten Überzeugungen: Entweder werde ich rot, strenge mich mehr an oder ich werde aggressiv oder ich wende mich von der anderen Person ab.
6. ist wieder 1. – Es werden neue Daten ausgewählt (Rückkopplungsschleife, da die Überzeugungen auch die Datenauswahl beeinflussen). Schaut der andere dann aus dem Fenster oder schreibt in seinem Notizbuch, so wird die »Brille« bestätigt: Ich bin so oder der ist so.

Dass der andere sich vielleicht aus Interesse heraus Notizen gemacht hat oder zum Verarbeiten des Gehörten aus dem Fenster schaut, kann nicht mehr gedacht werden.

Ein Leben ohne zusätzliche Deutungen oder Schlussfolgerungen ist nicht möglich, denn Interpretationen dienen z.B. dazu, in Bruchteilen von Sekunden festzustellen, ob eine Gefahr droht oder nicht.
Es ist aber wichtig zu wissen, dass man interpretiert, dass das nicht die Realität sein muss, sondern sie auch anders sein kann.
Nützlich ist es auch, sich Ausstiegsgedanken aus dieser Schleife zu machen. Es liegen drei Möglichkeiten vor.

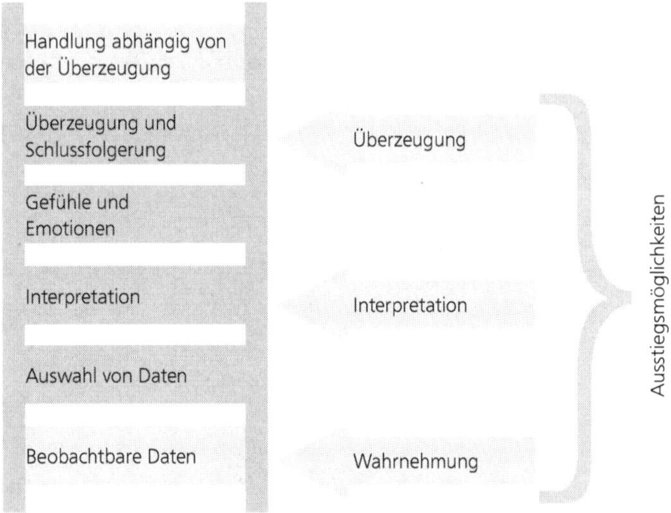


1. Die Interpretation ist nicht die Wahrnehmung, denn sie ist gefiltert. Was haben Sie objektiv beobachtet? Wie würde es eine Videokamera aufnehmen?

**Der Unterschied zwischen Wahrnehmung und Interpretation**

Wenn Sie die nebenstehende Person betrachten, was nehmen Sie wahr? Im Allgemeinen erhalte ich folgende Antworten: Sie ist nachdenklich, verschlossen, in sich gekehrt oder zielgerichtet. Diese Antworten sind keine Wahrnehmungen, sondern Interpretationen. Jeder hat seine eigenen Interpretationen, und passen sie nicht zu dem Gegenüber, so lässt sich darüber streiten. Über eine Wahrnehmung jedoch nicht. *Also: Wie lautet eine Wahrnehmung?*
Sie sitzt, ihr Oberkörper ist um ca. 15 Grad nach vorne gebeugt, ihre Hände berühren sich, ihre linke Hand ist nach rechts gebeugt und berührt ihr Kinn…

**Aufgabe**: Fertigen Sie eine Tabelle an und schreiben Sie in der linken Spalte typische Interpretationen von Ihnen, wie Sie andere beschreiben. In die mittlere Spalte setzen Sie Ihre Wahrnehmung. Notieren Sie in der rechten Spalte mögliche weitere Interpretationen.

| **Interpretation** | **Wahrnehmung (konkret)** | **Weitere Interpretation** |
|---|---|---|
| unsicher | Zittern in der Stimme | aufgeregt |
| auf der Flucht | Haltung nach vorne gebeugt | interessiert |
| nachdenklich | Kinn auf die Hand abgestützt | traurig |
| Ablehnung | Hände vorm Bauch verschränkt | gemütlich |
| ? | ? | ? |
| ? | ? | ? |

Aus dieser Aufgabe wird Ihnen vielleicht deutlich, wie gefährlich es ist, aus einer Körperhaltung eine bestimmte Schlussfolgerung zu ziehen. Fragen Sie sich bzw. Ihren Klienten: »*Wie könnte eine andere Interpretation oder Schlussfolgerung aussehen?*«

2. Oft gibt es nur eine Interpretation. Stellen Sie sich/Ihren Klienten deshalb die Frage: ***Könnte es auch anders sein? Wie könnte eine andere Interpretation lauten?*** Finden Sie eine gegensätzliche Interpretation. Gähnt z.B. ein Zuhörer, so bedeutet das nicht unbedingt, dass der Zuhörer sich langweilt. Es könnte auch sein, dass er schlecht geschlafen hat oder dass Sauerstoffmangel im Raum herrscht.
3. Bearbeiten Sie Ihre Überzeugungen, Glaubenssätze und Schlussfolgerungen, indem Sie sie erst einmal aufdecken und dann verändern. Es gibt Überzeugungen, die sich leicht ändern lassen und andere, die nur im Coaching verändert werden können.

Die Denkgefühle lassen sich durch ein verändertes Denken, beispielsweise eine andere Interpretation der Sachlage, beeinflussen, die entstandenen Basisgefühle werden dadurch jedoch nicht aufgelöst. Die Basisgefühle sind die tieferliegenden Gefühle, die vorhanden sind, wenn nicht gedacht wird.

Das verletzte Basisgefühl I ist wie im unteren Bild der Herzseite zugeordnet. Wut und Ärger als Basisgefühl II sind auf der Schwertseite zu finden. Nun eine kurze Beschreibung, wie sich die Herz- und Schwertseiten im Verhalten und als Fähigkeiten zeigen.

## Die Herz- und Schwertseite

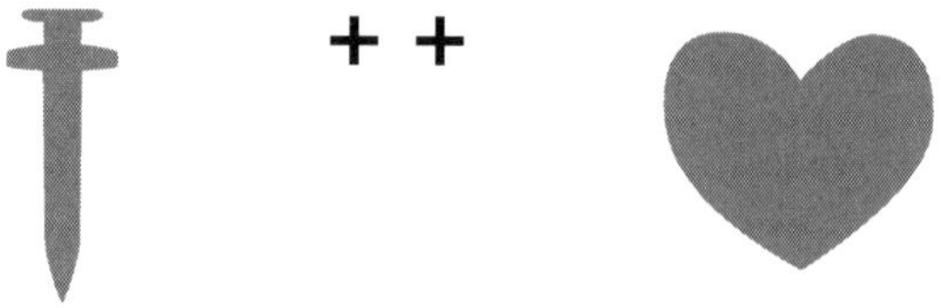


**Schwertseite:**
Verantwortung, Disziplin, Konsequenz, Stolz, Delegieren, ...

**Herzseite:**
Liebe, Wärme, Beziehung ...

Jeder Mensch braucht beide Kräfte (+ +). Erst wenn im Menschen beide Kräfte ausreichend vorhanden sind bzw. zur Verfügung stehen, ist er ein ausgeglichener und vollständiger Mensch, der selbstbewusst, selbstsicher und voller Selbstvertrauen ist. Die Quelle dieser Kräfte sind die Eltern und deren Eltern usw. (Kräfte der Ahnen). Voraussetzung ist aber, dass die Eltern jeweils beide Kräfte haben (+ +) und dadurch ein Paar und die Kinder wirklich Kinder sein können. Die Kräfte erhalten die Kinder dann ausreichend, wenn die Eltern ein Elternpaar sind, d. h. sie können sich respektieren, beziehen sich in ihr Leben wechselseitig ein und achten auf einen Ausgleich von Geben und Nehmen.

Auswirkungen auf eine Führungskraft
+ bedeutet genügend Kraft oder Energie
- bedeutet zu wenig Kraft oder Energie

Voraussetzung für die Auflösung von Systemgesetzverletzungen sind ausgeglichen starke Menschen im Sinne der Kräfte der Ahnen. Anhand von Führungskräfteverhalten werden die Kräfte der Ahnen dargestellt.
Führungskräfte, die als hart bezeichnet werden, haben vor allem Ziele und Zahlen im Fokus, aber vernachlässigen oft die menschliche Seite. Unausgeglichen kraftvolle Führungskräfte, also zu harte oder zu weiche, werden Verursacher von Systemgesetzverletzungen.

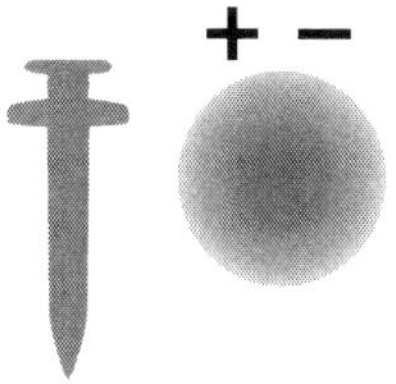


Führungskräfte (egal ob Mann oder Frau), die überwiegend die Schwertseite leben, sind zu harte Führungskräfte, die »über Leichen gehen«, nur Ziele und Zahlen im Kopf haben, aber nicht an die Menschen, Mitarbeiter und Kollegen denken.

Führungskräfte, die als weich bezeichnet werden, versuchen, mit allen eine gute Beziehung zu leben, gehen dafür aber oft Konflikten aus dem Weg oder übernehmen nicht genügend Verantwortung.

Führungskräfte, die überwiegend die Herzseite leben, sind zu weiche Führungskräfte, die oft nicht entscheiden, nicht konsequent sind, aber mit allen eine Beziehung pflegen.

Unausgeglichen kraftvolle Führungskräfte, also zu harte oder zu weiche, werden Verursacher von Systemgesetzverletzungen, da sie nicht wirklich ihre Verantwortung des Führens übernehmen und deshalb nicht anerkannt werden können.

## Ausgeglichen kraftvoll/stark genug

Voraussetzung für die Auflösung von Systemgesetzverletzungen sind Menschen, die ausgeglichen stark genug sind.
Führungskräfte, die beide Kräfte zur Verfügung haben, sind ausgeglichene Führungskräfte, die Verantwortung und Beziehung leben, liebevoll konsequent und selbstbewusst sind sowie Urvertrauen haben.

Ausgeglichen kraftvoll sind Führungskräfte, die die weiche (Herz-) und die harte (Schwert-) Seite gleichzeitig zur Verfügung haben. Sie können dann liebevoll/fürsorglich konsequent sein oder nett und streng.
Ausgeglichen starke Menschen fühlen sich sicher und sind voller Selbst- und Urvertrauen. Für diese ausgeglichene Kraft oder Stärke wird hier auch der Begriff der **Lebensenergie** verwendet, die ein Mensch von seinen Vorfahren erhält.

## Weitere Folgen einer Systemgesetzverletzung

Wird die erfolgte Systemgesetzverletzung, also das Basisgefühl I von Leid und das Basisgefühl II wie Wut nicht aufgelöst, so führt dieses normalerweise dazu, dass das Denken dazu benutzt wird, diese

Basisgefühle zu unterdrücken. Meistens erfolgt auch eine Zurückverletzung an den Verursacher der ersten Verletzung. Wir schauen uns hier jedoch erst an, was mit der Herz- und Schwertseite und der Stärke der verletzten Person passiert, wenn es keine sofortige Klärung der Verletzung bzw. des Konfliktes gibt.
Je nachdem, wie ein Mensch bewusst oder unbewusst damit umgeht, führt die Systemgesetzverletzung dazu, dass er entweder zu hart + - oder zu weich - + wird. Beides kann zu Krankheiten, Burnout, Demotivation, Sucht, ja sogar Amoklauf und Selbstmord führen.

**Basisgefühl I abdeckeln/einfrieren:**

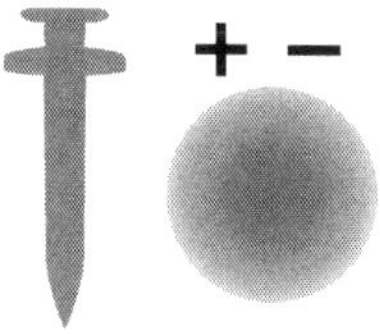


Die einen legen einen »Deckel« auf ihre Gefühle und trennen sich von ihren Emotionen, ihrem Leid ab. Das kann sich darin zeigen, dass sie sehr gut im logischen Denken und viel im Kopfkino sind oder alkoholsüchtig werden. Die eingefrorene Energie wird jedoch immer wieder durch aggressives Verhalten sichtbar.

**Basisgefühl II abdeckeln/einfrieren:**

Die anderen legen einen »Deckel« auf ihre eingefrorenen Aggressionen. Das kann sich darin zeigen, dass sie jedem Konflikt aus dem Weg gehen, fortdauernd trauern, ängstlich werden oder sich klein und leidend geben. Wenn das Fass überläuft und das Unterdrücken der Wut nicht mehr möglich ist, zeigt sich die eingefrorene Energie in einem Wutausbruch, so dass alle Anwesenden überrascht sind. Diese Menschen werden dann oft als Choleriker tituliert.

## Folgen einer Systemgesetzverletzung

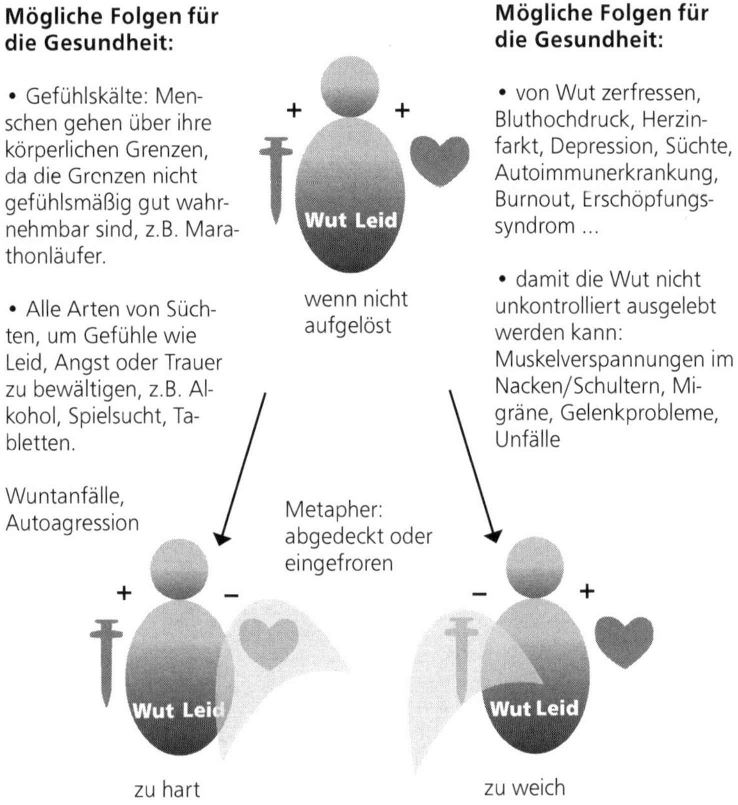


### Verhaltenswechsel zwischen »zu weich« und »zu hart«

Die Beschreibungen »zu weich« und »zu hart« sind keine Identitäts- oder Charakterbeschreibungen, sondern drücken aus, wie das Verhalten sichtbar wird. Das wird daran deutlich, dass eine Person, die ihre Wut unterdrückt (sich zu weich verhält) dennoch mal explodieren kann und ihre Wut herauslässt. Sie hat es nicht mehr geschafft, den Deckel auf ihre Wut zu halten. Danach fällt sie wieder ins alte, zu weiche Verhalten zurück und fühlt sich oft sogar schlecht, sich so wütend und über das Ziel hinausschießend verhalten zu haben.

## Weitere Auswirkungen von Systemgesetzverletzungen auf der Zeitlinie

Um Systemgesetzverletzungen aufzulösen, werden fünf Voraussetzungen benötigt, die weiter unten beschrieben werden. Werden oder können sie nicht aufgelöst werden, so kommt es normalerweise zu einer Rückverletzung und einer zeitlichen Eskalation. Unten stehende Abbildung verdeutlicht das. Die Smileys beschreiben den Zustand, dass es zwischen den beiden mal gut/neutral war. Dann verursacht der eine ohne Absicht (oft auch ohne es zu wissen) beim anderen eine Systemgesetzverletzung. Diese Verletzung führt zu einer Rückverletzung, beispielsweise weil der Verletzte sich aus der Beziehung zurückzieht, was beim anderen als Ausschluss ankommen kann, oder der Verletzte wird aggressiv. Aus dem zuerst Verletzten wird dann der nächste Verursacher und der erste Verursacher wird nun der Verletzte.
In der Abbildung wird die obere Person zu weich und die untere zu hart. Diese Kombination wird nur als Beispiel dargestellt, alle Kombinationen wie zu hart, zu hart oder zu weich, zu weich oder zu hart, zu weich sind möglich.

## Weitere Auswirkungen von Systemgesetzverletzungen

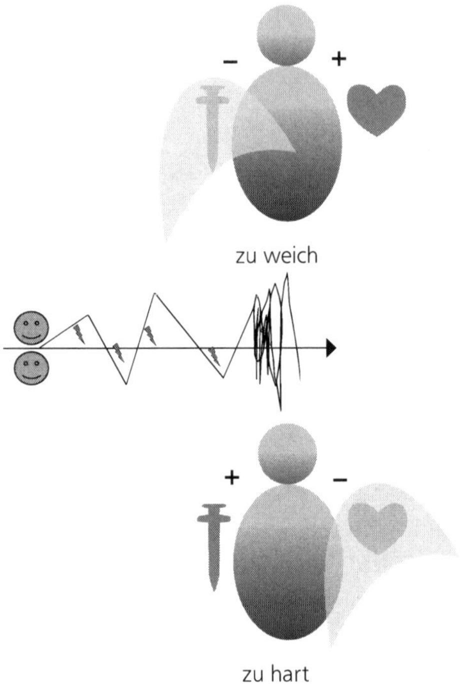


In meiner Arbeit als CoachMediator haben sich fünf Voraussetzungen herausgebildet, die benötigt werden, damit Systemgesetzverletzungen und eskalierte Konflikte aufgelöst werden können.

## Die fünf Voraussetzungen zum Auflösen von Systemgesetzverletzungen

- Der/die Auslöser, Verursacher oder Verantwortlichen müssen bekannt sein.
- Es muss eine Zeit geben, zu der alle (Verursacher und Verletzter) sagen können, es war mal gut (also Respekt war vorhanden

= wertschätzende Haltung ist möglich). Es muss die erste Ursache bekannt sein.
- Der Verletzte und der Verursacher müssen genügend ausgeglichen kraftvoll ++ sein.
- Sprachlich richtiges Vorgehen (keine Vorwürfe oder Rechtfertigung)
- Das Neue, die neue »Brille« muss sich entwickeln

Zunächst wird auf das sprachlich richtige Vorgehen eingegangen. Erfahrungsgemäß lernen wir uns zu entschuldigen oder unser Verhalten zu erklären. Beides führt nicht zu einer Lösung, sondern oft zu einer Verstärkung des Konflikts.

**Sprachlich richtiges Vorgehen (Verletzter: 3 W's und Verursacher: W und 2 A's)**

**Verletzter (3 W's):**
**Wertschätzende Haltung:** Beide begeben sich gedanklich zurück zu dem Zeitpunkt, als es noch für beide gut war, und erzählen darüber. Das ist die Voraussetzung für die wertschätzende Haltung.
**Wahrnehmung:** Der Verletzte beschreibt die Situation bzw. das Verhalten des Verursachers möglichst objektiv – ohne Vorwurf oder Interpretation (s. Interpretationsschleife).
**Wirkung:** Der Verletzte beschreibt und zeigt sein Basisgefühl I, d. h. sein Leid: »Mein Bauch tat weh, ich hatte Herzrasen, ...« – ohne Interpretation.
Oft wird hier anstelle des Basisgefühls I das Denkgefühl wie »Ich fühle mich übergangen oder nicht respektiert« ausgesprochen. Das führt beim Verursacher normalerweise zu einer Verletzung und der Prozess stoppt.

**Beispielaussagen für Basisgefühle I bei einer erfolgten Systemgesetzverletzung**

| | |
|---|---|
| Unruhe | Kribbeln |
| Herzklopfen | Stechen |
| Klos im Hals | Schmerzen (Magen/Bauch/Kopf) |
| Verkrampfung | Zittern |
| Weiche Knie | Schreck |
| Druck/Enge | Schwitzen |
| Schwindel | Trockener Mund |
| Tränen in den Augen | Weinen/traurig |
| Flattrige Stimme | Erstarren |
| Keine Luft bekommen | Nichts mehr spüren |
| Kälte | Unstimmigkeit |
| Kalter Schauer | Angst |

*Welche Basisgefühle kennen Sie?*

**Beispielaussagen für Denkgefühle bei einer erfolgten Systemgesetzverletzung**

| | |
|---|---|
| Übergangen | Resigniert |
| Nicht respektiert | Ausgeschlossen |
| Wertlos | Ungerecht |
| Betrogen | Angelogen |
| Nicht gesehen | Allein gelassen |
| Unwichtig | An letzter Stelle |

*Welche Aussagen über Denkgefühle kennen Sie?*

**Systemische Mediation**
Wichtig ist, dass zwingend das Basisgefühl I ausgesprochen und gezeigt wird und nicht die Denkgefühle genannt werden, denn sie sind durch eine Interpretation entstanden und werden zu einer Verletzung führen.

**Verursacher (W und 2 A's):**
**Wertschätzende Haltung:** Der Verursacher geht gedanklich zurück zu dem Zeitpunkt, als es noch für beide gut war. Das ist die Voraussetzung für die wertschätzende Haltung.
**Anerkennung:** Der Verursacher erkennt das Basisgefühl I, das Leid an, indem er selber mitfühlt und Folgendes aus der richtigen Haltung heraus sagt: »Es tut mir leid, dass bei dir/Ihnen diese verletzten Gefühle entstanden sind, es war nicht meine Absicht.« Dadurch löst sich die Verletzung, das Leid auf.
Der Verursacher spricht nicht über sein Verhalten oder seine für ihn positive Absicht hinter dem Verhalten, da es meistens als Rechtfertigung ankommt.
**Ausgleich:** Der Verursacher nimmt, wenn noch nötig, den Anteil der Wut/Ärger zurück, für den er verantwortlich ist, und sorgt evtl. noch für einen weiteren Ausgleich.

| **Verletzter: 3 W´s** | |
|---|---|
| 1. **W**ertschätzende Haltung | Ist notwendig – »es war mal gut« führt zur Haltung |
| 2. **W**ahrnehmung – Situation/Verhalten beschreiben, die zur Verletzung geführt hat | Keine Interpretation oder Vorwurf |
| 3. **W**irkung – Basisgefühle beschreiben/ zeigen (Verletzung/Leid zeigen) | Keine Unterstellung oder Denkgefühl, sondern Basisgefühl I |

| **Verursacher: W und 2 A´s ("Hand heben")** | |
|---|---|
| 1. **W**ertschätzende Haltung | Ist notwendig – »es war mal gut« führt zur Haltung |
| 2. **A**nerkennung des Leides – »Oh es war nicht meine Absicht, dass Sie sich … fühlen. Es tut mir leid.« | Zum Verhalten stehen. Keine Entschuldigung oder Rechtfertigung |
| 3. **A**usgleich: Wut nehmen | Eigenen Anteil Verantwortung übernehmen |
| Keine Rechtfertigung oder Erklärung für das Verhalten | Ansonsten kommt es zur Eskalation |

Das sprachlich richtige Vorgehen ist in den ersten drei Schritten gleich zum Feedback geben und zur Methode der Gewaltfreien Kommunikation GFK. (Rosenberg, 2010: Gewaltfreie Kommunikation: Eine sprache des Lebens)

## Voraussetzung für Feedback: Es darf keine Systemgesetzverletzung vorliegen!

| **Feedbackgeber: 4 W´s** | |
|---|---|
| 1. **W**ertschätzende Haltung | Ist notwendig – »es war mal gut« führt zur Haltung. |
| 2. **W**ahrnehmung – Situation/Verhalten beschreiben, die zur Verletzung geführt hat | Keine Interpretation oder Vorwurf. |
| 3. **W**irkung – Basisgefühle I beschreiben/zeigen (darf keine starke Verletzung/Leid sein) | Keine Unterstellung oder Denkgefühl, sondern Basisgefühl I. |
| 4. **W**unsch, Lernaufgabe oder Forderung | Formulierung für die Zukunft (kein »hätte«) |

| **Feedbacknehmer: WZL** | |
|---|---|
| 1. **W**ertschätzende Haltung | Ist notwendig – »es war mal gut« führt zur Haltung. |
| 2. **Z**uhören und ausreden lassen | Zum Verhalten stehen. Keine Entschuldigung. |
| 3. **L**ernen - In Ruhe bewerten und daraus lernen | Verantwortung übernehmen |
| Keine Rechtfertigung oder Erklärung für das Verhalten | Ansonsten kommt es zur Eskalation. |

## Unterschiede zwischen Systemgesetzverletzungen auflösen, Feedback geben und der Gewaltfreien Kommunikation GFK

In der Tabelle sind die Gemeinsamkeiten und Unterschiede dargestellt.

| **Verletzter oder Feedbackgeber** | | | |
|---|---|---|---|
| **Systemgesetzverletzungen auflösen (Verletzter: 3 W's)** | **Feedbackgeber (4 W's)** | **GFK – Gewaltfreie Kommunikation (B, G, 2B's)** | **Erklärung** |
| 1. **W**ertschätzende Haltung | 1. **W**ertschätzende Haltung | | Ist notwendig – »es war mal gut« führt zur Haltung |
| 2. **W**ahrnehmung/ Situation | 2. **W**ahrnehmung/ Situation | 2. **B**eobachtung/ Situation | Keine Interpretation oder Vorwurf |
| 3. **W**irkung – Basisgefühle I vom Verletzten | 3. **W**irkung – Gefühle vom Feedbackgeber | 3. **G**efühle vom Feedbackgeber | Keine Unterstellung sondern Körpergefühl |
| Der Verletzte hört auf zu sprechen | Der Feedbackgeber spricht weiter und der Feedbacknehmer hört bis zum Ende nur zu | Der Feedbackgeber spricht weiter und der Feedbacknehmer hört bis zum Ende nur zu | Hier teilt sich das Vorgehen |
| | | 4. **B**edürfnis | |
| | 4. **W**unsch, Lernaufgabe oder Forderung<br>Der Feedbacknehmer hört nur zu und fragt eventuell inhaltlich nach | 5. **B**itte<br>Der Feedbacknehmer hört nur zu und fragt eventuell inhaltlich nach | Ein Wunsch/Bitte darf auf Systemgesetzebene nicht geäußert werden, da er/sie seine Wirkung verliert und nicht mehr wirklich erfüllbar ist |

| Verursacher oder Feedbacknehmer | | | |
|---|---|---|---|
| **Systemgesetzverletzungen auflösen (Verursacher: W und 2A's)** | **Feedbackgeber (WZL)** | **GFK – Gewaltfreie Kommuniktion** | **Erklärung** |
| 1. **W**ertschätzende Haltung | 1. **W**ertschätzende Haltung | 1. Empathische Haltung | Ist notwendig – »es war mal gut« führt zur Haltung |
| 2. **A**nerkennung des Leides durch den Verursacher – »Oh, es war nicht meine Absicht, dass Sie sich ... fühlen. Es tut mir leid.« | 2. **Z**uhören und ausreden lassen | 2. Zuhören und ausreden lassen | Zum Verhalten stehen/Keine Entschuldigung |
| 3. **A**usgleich: Der Verursacher nimmt den von ihm verursachten Anteil der Wut vom Verletzten | 3. **L**ernen – in Ruhe bewerten und daraus lernen | | Verantwortung übernehmen |
| Keine Rechtfertigung oder Erklärung für das Verhalten | Keine Rechtfertigung oder Erklärung für das Verhalten | | Ansonsten kommt es zur Eskalation |

Feedback sollte man erst dann geben, wenn keine tiefen Systemgesetzverletzungen vorliegen. Sind Systemgesetzverletzungen mit Wut vorhanden, so ist keine wertschätzende Haltung möglich, das Feedback geben wird mit zu viel Energie stattfinden und den Feedbacknehmer verletzen.

In der Gewaltfreien Kommunikation wird nach der Wirkung (Körpergefühl) das Bedürfnis und darauf eine Bitte ausgesprochen. Beim Feedbackgeben wird kein Bedürfnis, jedoch ein Wunsch oder Bitte oder Lernaufgabe genannt. Liegen Systemgesetzverletzungen vor, so hat sich gezeigt, dass ausgesprochene Bedürfnisse oder Wünsche/

Bitten nicht sinnvoll sind, da sie nicht mehr richtig erfüllt werden können.

**Beispiel:** Ein Mitarbeiter wurde nicht zum Teammeeting eingeladen. Er geht zum Verantwortlichen und spricht mit der wertschätzenden Haltung seine Wahrnehmung und sein Basisgefühl I aus. Weiter sagt der Mitarbeiter: »Mein Bedürfnis ist, dass ich dazugehöre, und meine Bitte ist, dass ich beim nächsten Mal eingeladen werde« – so kann beim Mitarbeiter bei der nächsten Einladung ein fader Beigeschmack zurückbleiben – »Die laden mich nur ein, weil ich es gesagt habe, und nicht, weil die mich dabei haben wollen.« Die Systemgesetzverletzung bleibt aus zwei Gründen bestehen, erstens wurde sein Leid und seine Wut nicht aufgelöst und zweitens kann sein Bedürfnis oder Wunsch nicht wirklich erfüllt werden, wenn er es ausgesprochen hat.

Beim Auflösen von Systemgesetzverletzungen reicht das verletzte Basisgefühl I als Weg-von-Motivation aus, dass der Verantwortliche sich in Zukunft anders verhält. Wenn es nicht ausreicht, so liegen tieferliegende Gründe dafür vor, dass er sich nicht anders verhält. Diese gilt es dann im Coaching zu klären.

**Systemische Mediation:**
Liegen Systemgesetzverletzungen vor, so wird nicht nach Bedürfnissen, Wünschen oder Bitten gefragt.

## Einzelarbeit zum Prüfen der Voraussetzungen

Um Systemgesetzverletzungen auflösen zu können, ist es oft hilfreich, zuerst mit den einzelnen Konfliktpartnern in einer Einzelsitzung zu sprechen und die fünf Voraussetzungen zu überprüfen. Dieses Vorgehen hat zwei grundlegende Vorteile. Erstens ist die Konfliktenergie in der Gegenwart zwischen den beiden oft zu hoch und als Mediator ist das schwer händelbar. Es kann schnell zu einer

weiteren Eskalation wie aggressives Verhalten oder auch Rückzug und Abbruch kommen. Zweitens werden die fünf Voraussetzungen gebraucht. Sind diese nicht genügend vorhanden, so müssen diese ohnehin in einer Einzelarbeit/Coaching hergestellt werden. Die unten erklärten Übungen führe ich in der Einzelarbeit mit dem jeweiligen Konfliktpartner bezogen auf den anderen Konfliktpartner durch.
Die Übungen sind in der Beschreibung allgemein gehalten. In der Mediation ersetzen Sie dann »Denken Sie an eine Person ...« durch: »Denken Sie an Ihren Konfliktpartner ...«

Hier nun eine Übung, um herauszufinden, ob der Verursacher stark genug ist.

**Übung: Auslöser/Verursacher stark genug?**
*Denken Sie an eine Person, die Sie vor Ihrem inneren Auge sehen, die Ihnen ausgeglichen kraftvoll vorkommt und von der Sie verletzt wurden. Nun beschreiben Sie innerlich der Person die Situation und Ihr Körpergefühl von damals, als die Verletzung entstanden ist. Wie ist die Reaktion der Person vor Ihrem inneren Auge?*
Normalerweise ist die auslösende Person überrascht, dass ihr Verhalten so ein Gefühl und Leid erzeugt hat, und sie sagt spontan: »Das wollte ich nicht« oder: »Das war nicht meine Absicht.« Sie kann das Leid mitfühlen und dadurch anerkennen.
Falls die Wut sich beim Anerkennen der Verletzung nicht auflöst, muss der Auslöser die Wut vom Verletzten zurücknehmen.
Die Erfahrung zeigt, dass Wut nur vom Verursacher zurückgenommen werden kann. Ein Verletzter kann keine Wut zurückgeben, er kann nur seine Wut loslassen, wenn der Verursacher sie nimmt.

Wut zurückgeben funktioniert nicht, wenn der Verursacher zu weich oder zu hart ist oder wenn der Verursacher nicht bekannt ist. Es ist ein untauglicher Versuch, den viele Menschen ausprobieren, auf einen Boxsack einzuschlagen oder joggen zu gehen usw. Die Wut und der daraus entstandene Stress lösen sich zwar für kurze Zeit auf, sie sind aber kurz danach wieder da.
Wird auf einen Boxsack eingeschlagen, um Wut loszuwerden, dann ist dies nur effektiv, wenn der Verursacher innerlich visualisiert ausgeglichen kraftvoll ist und das Leid sehen und die Wut nehmen kann. Wird vom Verursacher das Leid gesehen und die Wut genommen, dann führt dieses zu einer Entspannung und einem Wohlgefühl beim Verletzten, so dass sich die Verletzung und die Wut auflösen und er die volle Energie zurückbekommt.

**Übung: Auslöser/Verursacher nicht stark genug**
*Was passiert nun mit der gleichen Übung mit einer zu harten oder zu weichen Person? Probieren Sie es aus.*

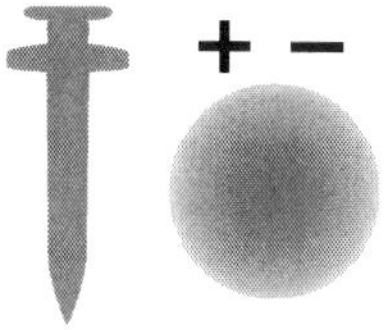


*Denken Sie an eine zu harte Person, von der Sie verletzt wurden. Beschreiben Sie innerlich der Person die Situation und Ihr Körpergefühl. Was ist die Reaktion?*
Üblicherweise kann eine zu harte Person das Leid bzw. die Verletzung nicht sehen oder anerkennen. Auch kann sie die Wut nicht zurücknehmen. Sie dreht sich z.B. weg oder sie prallt ab. Oder Sie bekommen Angst.

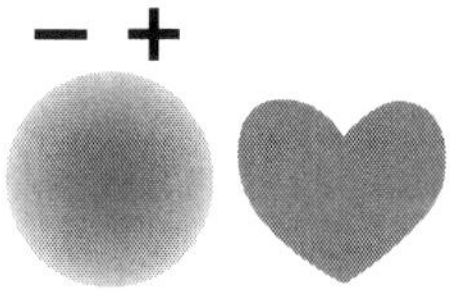

*Stellen Sie sich nun innerlich eine zu weiche Person vor, die Sie verletzt hat. Auch hier beschreiben Sie die Situation und Ihr Körpergefühl. Wie ist hier die Reaktion?*
Normalerweise kann eine zu weiche Person ebenfalls das Leid nicht wirklich sehen, sondern fällt selbst ins Leid. Es kann dazu führen, dass der Verletzte sogar Mitleid mit dem Verursacher bekommt. Die Verletzung wird dadurch nicht aufgelöst und auch die Wut bleibt.

**Übung: Es war nicht gut**
*Was passiert nun mit der gleichen Übung, wenn es nicht die allererste Verletzung war, sondern die andere Person von Ihnen schon vorher verletzt wurde? Probieren Sie es aus.*
*Denken Sie an eine Person, von der Sie verletzt wurden. Beschreiben Sie innerlich der Person die Situation und Ihr Körpergefühl. Was ist die Reaktion?*
Üblicherweise kann die Person das Leid bzw. die Verletzung nicht ausreichend sehen oder anerkennen. Auch kann sie die Wut nicht zurücknehmen. Fragen Sie sich und innerlich die andere Person, ob es eine zeitlich vorangegangene Systemgesetzverletzung der Person durch Sie gegeben hat.
Wenn ja, dann können Sie Folgendes innerlich sagen: »Falls mein Verhalten zu einer Verletzung (verletztes Gefühl) geführt hat, so war es nicht meine Absicht und es tut mir leid.« Kommt es bei der Person an, dann sollten Sie noch sagen: »Und ich nehme meinen Anteil der Wut zurück, die zu der Verletzung gehört.« *Was passiert?*
Ist die erste Verletzung aufgelöst, so können Sie nun der Person nochmal die Situation und Ihre Verletzung beschreiben. Jetzt wird Sie es sehen können und Ihre Wut nehmen.

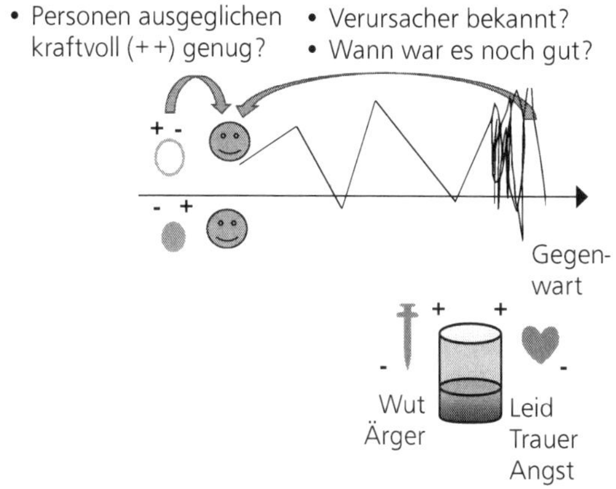


**Fazit: Damit Systemgesetzverletzungen aufgelöst werden können, müssen der Verursacher und der Verletzte ausgeglichen kraftvoll genug sein, und es muss ein Zeitpunkt gefunden werden, an dem es noch gut war (also eine Zeit vor der ersten Systemgesetzverletzung).**

Ob ein Verursacher genügend ausgeglichen kraftvoll ist oder es mal gut/neutral war, können Sie durch diese Übung im Vorhinein innerlich ausprobieren.

**Wichtig: Gehen Sie oder Ihr Klient innerlich, wenn Sie eine Verletzung oder Prägung bearbeiten wollen, nicht gedanklich in diese Situation. Sie werden sich dann wieder genauso schlecht fühlen wie im damaligen Augenblick. Gehen Sie innerlich immer einen Schritt davor, wo es noch gut war. Nur so können Sie diese Themen von Grund auf abarbeiten.**
**Wichtig: Stellen Sie sicher, dass Sie bzw. Ihr Klient dissoziieren können/kann.**

Dissoziieren heißt, dass eine Erinnerung von außen betrachtet werden kann, so dass man sich selbst als jüngeren Menschen sehen kann. So erlebt man nicht nochmal die damaligen Gefühle. Assoziiert heißt, dass die Erinnerung aus sich heraus nochmal erlebt wird und somit die gleichen Gefühle von damals auftauchen.

## Systemgesetzverletzungen gemeinsam mit dem Konfliktpartner auflösen – Empowering

In den bislang beschriebenen Übungen wurde innerlich gearbeitet und die jeweiligen Verursacher oder Konfliktpartner waren real nicht dabei. Steht der Verursacher, z. B. ein früherer Lehrer, Chef oder Lebenspartner zur Zweierarbeit nicht zur Verfügung, so lässt sich das unten beschriebene Vorgehen auch innerlich durchführen. Dabei müssen trotzdem die fünf genannten Voraussetzungen erfüllt sein. Sind sie erfüllt, so lässt sich dadurch auch innerlich einiges auflösen.
Sind die Voraussetzungen, wie beispielsweise stark genug (++) sein, nicht beim Verursacher erfüllt, so kommt es zu keiner wirklichen Auflösung. Möglich ist aber dann die Erkenntnis, welchen Anteil der Klient selbst an dem Konflikt hat.
Ist der Klient nicht ausgeglichen stark genug (also zu hart oder zu weich), so wird es zu dem Zeitpunkt keine gemeinsame systemische Mediation mit dem Konfliktpartner geben, sondern durch Coaching wird der Klient gestärkt, bis er stark genug wird. Dieses Vorgehen wird im Kapitel »Coaching in der systemischen Mediation« im Überblick und in meinem Buch »Persönlichkeitsentwicklung mit System« ausführlich vorgestellt. Auch wird dort dann das Vorgehen in der systemischen Mediation beschrieben, wie nach der Stärkung der Klienten die Verletzungen aufgelöst werden.

Sind die drei Voraussetzungen (es war mal für beide gut, die Verursacher sind bekannt und beide sind stark genug) erfüllt, geht es nun darum, die sprachlichen Bedingungen zu erfüllen.

Dazu wird eine wertschätzende Haltung der Konfliktpartner benötigt, die sich durch die Voraussetzung »Es war mal gut« finden lässt.

**Vorgehen**:
**Erste Systemgesetzverletzung auflösen:** Aus einer wertschätzenden Haltung beschreibt der Verletzte A die Situation bzw. das Verhalten des Auslösers B möglichst objektiv – ohne Vorwurf. Der Verletzte A beschreibt und zeigt sein Körpergefühl, d. h. sein Leid – ohne Interpretation. »Mein Bauch tat weh, ich hatte Herzrasen, ...«
Der Auslöser B erkennt das Körpergefühl, das Leid an, indem er selber mitfühlt und Folgendes aus der richtigen Haltung heraus sagt: »Es tut mir leid, dass bei dir/Ihnen diese verletzten Gefühle entstanden sind, es war nicht meine Absicht.« Dadurch löst sich die Verletzung, das Leid auf. Der Auslöser B spricht nicht über sein Verhalten oder seine für ihn positive Absicht hinter dem Verhalten, da das meistens als Rechtfertigung ankommt. Der Auslöser B nimmt, wenn noch nötig, die Wut für die erste Verletzung zurück.

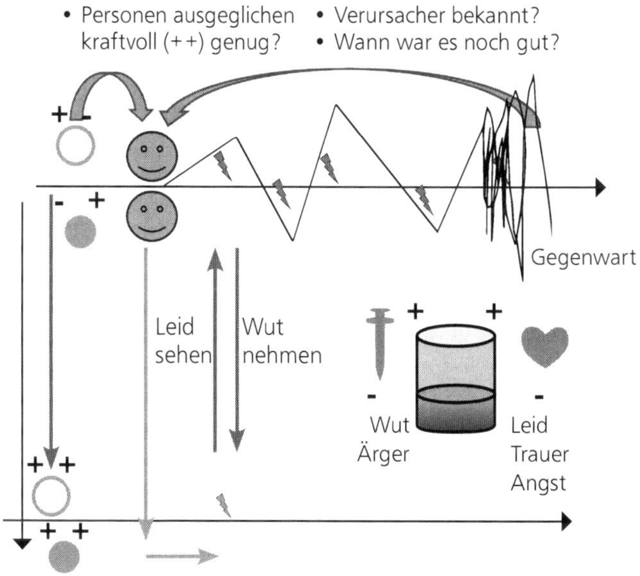

Mit diesem Vorgehen wird die erste Systemgesetzverletzung aufgelöst. Um die nächste Verletzung, die oft eine Folge der ersten Verletzung ist, auflösen zu können, muss das Neue in den Prozess kommen. Wenn nicht, so wird die Person, die aus der ersten Verletzung heraus die andere Person verletzt hat, nicht das Leid sehen können, sondern die positive Absicht haben, sich zu schützen oder den anderen zu verletzen, damit er spürt, wie weh es getan hat. Hier kommt man also nur weiter, wenn die Empowering-Methode angewendet wird.

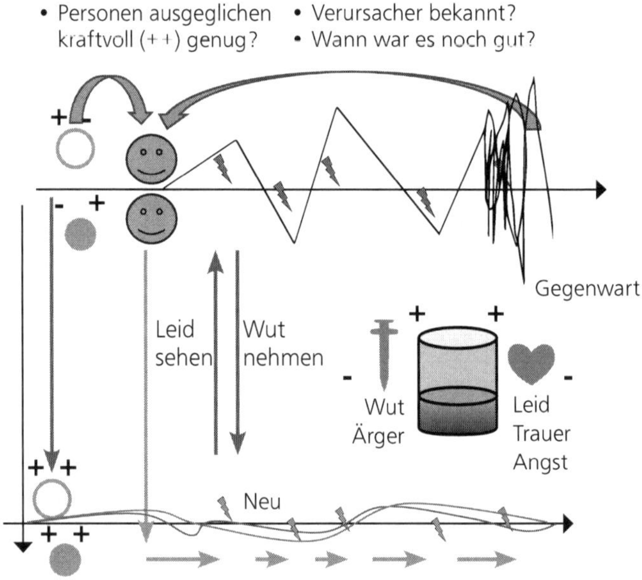


**Das Neue beschreiben:** Jetzt gehen die beiden Konfliktpersonen innerlich, wenn die erste Verletzung nicht passiert wäre bzw. die Basisgefühle verändert wurden, mit diesem Wissen und dem neuen Gefühl weiter durch deren Zeitgeschichte bis zur nächsten Verletzung. Es ist egal, ob die nächste Verletzung von A nach B oder umgekehrt passierte. *Wie ist es im Neuen ohne die erste Verletzung? Was ist dann anders?*

B sagt: »Wir hätten unsere vertrauensvolle Zusammenarbeit von damals, als es noch gut war, fortgeführt.« Und A fügt hinzu: »Das

kann ich mir gut vorstellen, denn wenn B mich nicht verletzt hätte, dann hätte ich ihn auch nicht verletzt, sondern wir hätten uns gut verstanden.«
Mit dieser Frage und den Antworten wird die Voraussetzung »Es war mal gut – wertschätzende Haltung« zeitlich bis zur nächsten Verletzung geholt. Wichtig ist, dass die beiden Konfliktpartner noch nicht die nächste Verletzung beschreiben, sondern sich gemeinsam vorstellen können, wie es gewesen wäre, wenn die erste Verletzung nicht passiert wäre.
**Die nächste Systemgesetzverletzung auflösen:** Erst dann sind wieder alle Voraussetzungen (Verursacher bekannt, es war mal gut – wertschätzende Haltung und ausgeglichen kraftvoll genug) erfüllt und der Verletzte beschreibt die damalige Situation, die ihn verletzt hat, und sein Körpergefühl dazu. Der Auslöser wird nun das Leid sehen und die Wut für die Verletzung nehmen können, denn er weiß, dass die Verletzung nicht geschehen wäre, wenn die erste Verletzung nicht stattgefunden hätte.
**Schritte wiederholen bis zur Gegenwart:** Die Schritte »Das Neue beschreiben« und »Die Systemgesetzverletzung auflösen« werden solange durchgeführt, bis alle Systemgesetzverletzungen zwischen den beiden aufgelöst sind und sie zeitlich in der Gegenwart angekommen sind.

Treten Systemgesetzverletzungen auf, so wird auch die Interpretation, wie der Verletzte den Verursacher sieht, mit verändert. Deshalb ist es wichtig, auch diese Interpretationen mit den neuen Kräften und den aufgelösten Systemgesetzverletzungen zu aktualisieren.
Die Interpretationsschleife ist, wie auf Seite 33 ff beschrieben, ein Erklärungsmodell, mit der eine Interpretation Denkgefühle auslösen und zu einer selbsterfüllenden Prophezeiung führen kann. Kommt es zu einer Systemgesetzverletzung, so verändert sich normalerweise auch die Interpretation. Deshalb ist es so wichtig, wenn durch die Konfliktauflösung bzw. der Empowering-Methode die Lebensgeschichte neu erlebt und Verletzungen aufgelöst werden, diese alten Interpretationen mit zu erneuern.

## Empowering: Aktualisieren der Interpretationsschleife – Neue »Brille«

**Ein Beispiel:**

**1. Auswahl der Daten:** Eine Führungskraft hat gerade einen neuen Mitarbeiter seinen langjährigen Mitarbeitern vorgestellt und seine Vorzüge gelobt. Neben der entstandenen Systemgesetzverletzung 4: »Früher hat Vorrang vor später« wird sich eine Interpretation neu ausbilden bzw. eine schon vorhandene verändern oder bestätigen.
**2. Interpretation:** Dem Chef sind nur junge und neue Mitarbeiter wichtig.
**3. Gefühle und Emotionen:** Ärger, Angst
**4. Schlussfolgerungen und Überzeugungen:** Er hat mal wieder bewiesen, dass es ihm an Führungsqualität mangelt. -> Alle Chefs sind so!
**5. Handlung aufgrund der entwickelten Überzeugungen:** Ich gehe nicht zum Einstandsessen. Ich gehe dem Chef aus dem Weg.
**6. ist wieder 1.** – Es werden neue Daten ausgewählt (Rückkopplungsschleife, da die Überzeugungen auch die Datenauswahl beeinflussen). Im Beispiel sieht man dann nur noch Dinge, die der Chef schlecht macht. Er begrüßt den Neuen zuerst, ...

Diese Interpretationen und Schlussfolgerungen reichen schon aus, um nur dadurch weitere Systemgesetzverletzungen zu erleiden, weil die Interpretation ebenfalls Gefühle wie Leid und Wut erzeugen kann. Und weil die Handlung des Verletzten oft zu einer Gegenverletzung beim anderen führt.
Am besten ist unten beschriebenes Vorgehen, wenn beide real dieses Gespräch führen. Ist jedoch der eine Konfliktpartner nicht anwesend, so kann es auch allein innerlich durchgeführt werden. Ob es dann ausreichend ist und was beim Konfliktpartner ankommt, wird sich zeigen. Deshalb sollte man probieren, beide real zusammen zu bringen.
Es geht nun darum, zuerst die erste Systemgesetzverletzung zwischen z. B. dem Chef und dem langjährigen Mitarbeiter aufzulösen.

Voraussetzung dafür ist, dass beide ausgeglichen kraftvoll genug ++ sind und es davor alles gut war. Der Mitarbeiter beschreibt dem Chef neutral die Situation von damals und zeigt sein verletztes Gefühl dazu. Der Chef erkennt die Verletzung/das Leid an und kann sagen: »Es war nicht meine Absicht, es tut mir leid, dass Sie sich schlecht gefühlt haben und ich kann Ihre dadurch entstandene Wut nehmen«, so löst sich die erste Verletzung auf.
An dieser Stelle ist folgende Frage vom CoachMediator an den Klienten nötig: *Wenn die erste Verletzung aufgelöst ist, gefühlsmäßig dann nicht eingetreten ist und der Chef nicht die Absicht hatte, Sie zu verletzen, wie würde Ihre Interpretation und Schlussfolgerung sich ändern? Oder wie kann sie sich nun verändern?*
Oft kommt dann die Aussage: »Dann wäre ja alles beim guten Alten geblieben und wir hätten unsere Vertrauensbasis behalten. Ich kann zurück zu meiner alten Interpretation, dass mein Chef mich schätzt und er ein guter Chef ist.«
Dann geht man weiter zur nächsten Verletzung, die entweder beim Chef oder bei dem Mitarbeiter damals nach der ersten Verletzung entstanden ist. Bei jeder aufgelösten Systemgesetzverletzung wird auch darauf geachtet, dass die Interpretationsleiter mit aktualisiert wird.

**Das Neue/neue »Brille« an alle bisherigen »Zaungäste« weitergeben**

Fast immer sind in einem Konflikt Freunde, Bekannte, Partner oder in Firmen der Betriebs- oder Personalrat, die ChefChefs, andere Abteilungen usw. über den Konflikt informiert. Dadurch haben die »Zaungäste« eine eigene Sichtweise auf den Konflikt. Wird dieser, wie oben beschrieben, aufgelöst, so haben die Konfliktparteien die neue »Brille«, die »Zaungäste« jedoch noch die alte »Brille«. Sprechen die »Zaungäste« mit ihrer alten »Brille« die ehemaligen Konfliktpartner an, so kann sich diese alte »Brille« negativ auswirken. Deshalb ist es wichtig, alle »Zaungäste« mit einzubeziehen, so dass sie von den ehemaligen Konfliktparteien die neue »Brille« erhalten. Am besten, wenn die ehemaligen Konfliktparteien gemeinsam das

Neue dem Betriebs- oder Personalrat oder den ChefChefs vorstellen. Hier ist es hilfreich, wenn der Mediator das Vorgehen der systemischen Mediation erläutert und moderiert und darauf achtet, dass die Konfliktparteien und »Zaungäste« im »Neuen« sind und bleiben.

**Misstrauen -> Neutral -> Vertrauen**
War es mal zwischen den Konfliktpartnern gut, so gab es auch Vertrauen bzw. einen Vertrauensvorschuss. Jede Systemgesetzverletzung lässt das Vertrauen zusammenschmelzen bis hin zu Misstrauen. Werden die Systemgesetzverletzungen bis zur Gegenwart aufgelöst und die »Brille« verändert sich, so entsteht noch kein Vertrauen. Im besten Fall ist kein Misstrauen mehr vorhanden, sondern eine neutrale Haltung. Auch können die Konfliktpartner noch nicht sehen, dass es wirklich besser wird, da es noch kein Vertrauen wieder gibt. Ich nenne es dann folgendermaßen: Es ist jetzt wie ein kleines grünes Pflänzchen, das von beiden gehegt und gepflegt werden muss. Ein falscher Schritt und schon ist dieses kleine Pflänzchen plattgetrampelt.

**Nicht über das Alte, sondern nur über das Neue reden**
Reden »Zaungäste« oder einer der ehemaligen Konfliktpartner über das Alte, so können die alten Systemgesetzverletzungen mit Leid und Wut wieder hervorgeholt werden und das anfängliche Vertrauen wandelt sich in Misstrauen um.
Ist das Vertrauen gewachsen und aus dem Pflänzchen wurde eine große Pflanze, so hält sie auch mal einen falschen Schritt (z.B. über das Alte reden) aus. Außerdem haben sie nun das Handwerkszeug, auftretende Systemgesetzverletzungen sofort aufzulösen.

## Handwerkszeug: Systemgesetzverletzungen als Verursacher auflösen

Oft werden Systemgesetzverletzungen nicht direkt vom Betroffenen ausgesprochen, sondern sie werden in ironischen Äußerungen verpackt. Falls Sie die Vermutung oder Interpretation haben, dass Sie durch Ihr Verhalten eine andere Person auf der Systemgesetzebene verletzt haben, so können Sie folgendes Vorgehen probieren:
Sprechen Sie die Person direkt an: »Falls ich Sie in der damaligen Situation verletzt haben sollte oder Sie sich verletzt fühlen sollten, so war und ist es nicht meine Absicht und es tut mir leid!«
Benutzen Sie bitte den Konjunktiv und das Wort »falls« im ersten Teil des Satzes, da es sich ja um eine Interpretation handelt. Im zweiten Teil des Satzes: »so war und ist es nicht meine Absicht und es tut mir leid!« ist der Konjunktiv nicht geeignet, werden Sie da ganz konkret. Denn auch hier entscheidet Ihre Haltung darüber, ob Sie es ehrlich meinen und ob dadurch Ihre Aussage bei der anderen Person ankommt.
Denken Sie hier an das Autobahnbeispiel. Nun sind Sie der Fahrer, der sich vordrängelt. Heben Sie die Hand, so lösen sich die Verletzungen sehr wahrscheinlich beim Überholten auf.

## Handwerkszeug: Systemgesetzverletzungen als Betroffener auflösen

Hierfür ein typisches Beispiel: Ein Paar hat sich zu einer festen Zeit verabredet. Dem Partner B kommt etwas dazwischen, beispielsweise trifft er eine ihm wichtige Person, so dass er nicht pünktlich zur Verabredung kommt. Der andere Partner A fühlt sich schlecht und übergangen und weniger wert. Wie kann nun eine optimale Kommunikation zur Auflösung der Systemgesetzverletzungen aussehen? Und worauf hat der systemische Mediator streng zu achten, wenn er ein solches Gespräch anleitet?

**Sprachlich richtiges Konfliktlösungs-Gespräch:**
**1.** Partner A spricht B darauf an: »Wir hatten eine feste Verabredung, und du warst nicht zur verabredeten Zeit da. Ich fühle mich schlecht und habe ein Grummeln im Bauch.«
**2.** Partner B sieht und fühlt die Verletzung bei A und sagt dann zu A: »Oh, es war nicht meine Absicht, dass du dich schlecht fühlst und ein Grummeln im Bauch hast. Es tut mir leid, dass du gelitten hast.«
Wenn vorher keine Verletzungen beim Paar vorlagen, so kommt diese Aussage mit der entsprechenden ehrlichen Haltung beim Partner an und die Verletzung ist aufgehoben. Oft löst sich bei der ersten Verletzung die Wut gleichzeitig mit dem Leid auf. Wenn nicht, so soll der Verantwortliche noch seine Teil-Verantwortung für die Verletzung aussprechen und den Anteil der Wut vom Verletzten nehmen.
**3.** Gemeinsam sucht man nun nach Lösungen und Wegen, damit so etwas nicht mehr passiert.
Wie Sie sehen, sind für die Auflösung nur wenige Worte nötig. Auch wird keine Rechtfertigung gegeben.

Nun drei typische Gespräche, wie es nicht gemacht werden sollte, denn das führt zu einer Eskalation oder Resignation.

**Missglücktes Gespräch 1:**
**1.** Partner A spricht B mit einem vorwurfsvollen Ton an: »Wir hatten eine feste Verabredung und du warst nicht da. Warum?«
**2.** B fühlt sich angegriffen und verteidigt sich: »Ich habe einen Geschäftskunden getroffen, und der war mir sehr wichtig.«
**3.** Partner A fühlt sich noch mehr verletzt, da der Geschäftskunde wichtiger war als A: »Du hättest mit ihm einen neuen Termin abmachen können und ihm sagen können, dass du mit mir eine Verabredung hast.«
**4.** B fühlt sich noch mehr in die Ecke gedrängt und reagiert auf diesen Vorwurf mit Gegenangriff oder mit Rückzug, also Resignation.
Das Gespräch befindet sich verbal auf der Sachebene und gefühlsmäßig auf der Systemgesetzebene. B hatte eine positive Absicht hin-

ter seinem Verhalten, denn er hat für sich das Beste in dem Moment getan. Wenn A nun nach dem Grund des Verhaltens von B fragt, so führt es oft zu einer weiteren Verletzung oder es kommt als Rechtfertigung an. B fühlt sich angegriffen, und das Gespräch eskaliert.

**Missglücktes Gespräch 2:**
In diesem Gespräch hat A dazugelernt und weiß, dass es nicht sinnvoll ist, nach den Gründen, beispielsweise »Warum«, zu fragen. Außerdem weiß A, dass er seine Gefühle aussprechen soll. Trotzdem kommt es zu einer Eskalation im Gespräch.
1. Partner A spricht B darauf an: »Wir hatten eine feste Verabredung und du warst nicht zur verabredeten Zeit da. Ich fühle mich verletzt, weil du mich ausschließt.«
2. B hört einen Vorwurf oder eine Unterstellung und reagiert mit Gegenangriff oder Verteidigung. Warum?
Der Satz: »Ich fühle mich verletzt, weil du mich ausschließt« ist eine Interpretation von A und dadurch ein Vorwurf. A weiß nicht, ob B wirklich ausschließen wollte und ob es sich um Absicht von B handelte. Normalerweise hat B nicht die Absicht, A auszuschließen. Hätte A gesagt: »Ich habe ein flaues Magengefühl und ich spüre mein Herz pochern«, so hätte er nur über sich und seine Gefühle gesprochen, keinen Vorwurf gemacht und B keine böse Absicht unterstellt. B hätte dann auf sein Gefühl eingehen können und es wäre zu einer Auflösung gekommen.

**Missglücktes Gespräch 3:**
In diesem Gespräch weiß A nun genau, wie er es ausdrücken muss und macht es auch richtig.
1. Partner A spricht B darauf an: »Wir hatten eine feste Verabredung und du warst nicht zur verabredeten Zeit da. Ich fühle mich schlecht und habe ein Grummeln im Bauch.«
2. Partner B sieht und fühlt die Verletzung bei A und sagt: »Oh, es war nicht meine Absicht, dass du dich schlecht fühlst und ein Grummeln im Bauch hast. Es tut mir leid.« Bis hierhin hat B es auch richtig gemacht. Hört aber B an dieser Stelle nicht auf zu reden, so kann

er das Gespräch zum Kippen bringen. Spricht B nach dem »Es tut mir leid« sofort weiter, indem er seine positive Absicht und seine Gründe mitteilt, so kommt dieses als Rechtfertigung bei A an.
3. Was B A nicht sagen darf: »Es tut mir leid. Ich will dir nur kurz erklären, warum ich zu spät gekommen bin. Ich habe einen Geschäftskunden getroffen, und der war mir sehr wichtig. Du weißt, zukünftige Geschäfte. Es ist ja auch wichtig für uns als Paar.« Dadurch wird die Wirkung von »Es tut mir leid« aufgehoben, und A fühlt sich wie im ersten missglückten Gespräch verletzt, da weniger wertgeschätzt. Es kommt dann zu einer Eskalation oder Resignation.

**Zusammenfassung:**

| Folgende Aussagen sind Ziel führend und lösend | Folgende Aussagen wirken eskalierend | Erklärung |
|---|---|---|
| Wir hatten eine feste Verabredung und du warst nicht zur verabredeten Zeit da. | Wir hatten eine feste Verabredung und du warst nicht zur verabredeten Zeit da. **WARUM?** | Warum? fragt nach Gründen, kommt als Vorwurf an und man erhält eine Rechtfertigung. |
| Ich fühle mich schlecht und habe ein Grummeln im Bauch (Basisgefühl I). | Ich fühle mich **ausgeschlossen** (Denkgefühl) und habe ein Grummeln im Bauch. Ich fühle mich verletzt, weil du mich ausschließt. | Interpretation und Unterstellung |
| | **Du hättest** auch … | Vorwurf. B hat das Beste in dem Moment getan, deshalb nicht sinnvoll. |
| Oh, es war nicht meine Absicht, dass du dich schlecht fühlst und ein Grummeln im Bauch hast. Es tut mir leid. | Oh, es war nicht meine Absicht, dass du dich schlecht fühlst oder dass du dich übergangen fühlst. Es tut mir Leid. **Ich will dir nur kurz erklären, wieso ich zu spät gekommen bin.** Ich habe einen Geschäftskunden getroffen und … | Erklärung kommt als Rechtfertigung an. |

Die Frage nach Gründen, Vorwürfe, Unterstellungen oder Rechtfertigungen wirken eskalierend. Bleiben Sie im Gespräch bei sich und auf der Gefühlsebene, so kann der Partner die Sachebene verlassen und auch auf die Gefühlsebene gehen.

## Voraussetzungen in der klassischen Mediation

In der klassischen Mediation gibt es folgende allgemein anerkannte Voraussetzungen für eine Mediation.

- Freiwilligkeit
- Gegenseitiges Vertrauen (und Verschwiegenheit nach außen)
- Einhalten der Spielregeln
- Offenheit in der Information
- Option, die Mediation zu jedem Zeitpunkt zu beenden oder zu unterbrechen
- Die Mediation ist offen bzgl. des Ergebnisses
- Neutralität/Allparteilichkeit des Mediators

In eskalierten Konfliktfällen mit Systemgesetzverletzungen werden die ersten beiden Voraussetzungen »Freiwilligkeit« und »Vertrauen« nicht erfüllt. Wie oben beschrieben, führt jede Systemgesetzverletzung zu Vertrauensverlust und Misstrauen. Und da bei Systemgesetzverletzungen keine Lösungsorientierung in die Zukunft möglich ist, fällt die Freiwilligkeit fort. In diesen Fällen wird keine klassische Mediation durchgeführt.

Die systemische Mediation braucht nicht die Voraussetzung »Vertrauen« und »Freiwilligkeit«, sondern den Willen. Die Parteien wollen den Konflikt lösen (**Wille von ALLEN**).
Dieser Wille wird oft durch das Aufzeigen von negativen Konsequenzen erzeugt.

**Drei Beispiele zum Aufzeigen von Konsequenzen:**
**Zwei Mitarbeiter haben einen Konflikt**

Ich frage den Chef, was passiert mit den beiden Mitarbeitern, die einen Konflikt haben, wenn sich nichts ändert. Hier sollte dann eine symmetrische Konsequenz vorliegen wie: beide werden dann versetzt oder müssen gehen. Ist die Konsequenz unsymmetrisch, d.h. der eine Mitarbeiter würde versetzt werden und der andere nicht, so kann das dazu führen, dass der Wille bei dem einen nicht genügend vorliegt. Er hat ja nichts zu verlieren.

**Der Chef hat selbst einen Konflikt erzeugt**

Wenn der Chef selbst Mitverursacher von Systemgesetzverletzungen ist, indem er beispielsweise einen dienstjüngeren Mitarbeiter befördert hat, ohne mit den dienstälteren Mitarbeitern darüber gesprochen zu haben, wird zuerst der Chef als Verursacher in der systemischen Mediation gebraucht. Will er nicht mitmachen, so zeige ich die negativen Konsequenzen für ihn und sein Team auf und dass es ohne ihn keine Verbesserung oder Lösung geben kann. Ist er nun bereit, mitzumachen, kann die Mediation starten. Ist er trotz des Wissens über die negativen Konsequenzen nicht bereit, so wird der Auftrag zurückgegeben.

**Paarmediation mit Kind**

Wenn Sie sich als Elternpaar weiter streiten, hat das immer negative Auswirkungen auf das Kind. Reden Sie schlecht übereinander, so fühlt sich Ihr Kind ebenfalls schlecht. Schließen Sie sich gegenseitig aus, so fühlt sich das Kind ebenfalls zum Teil ausgeschlossen. Dieses Aussprechen von negativen Konsequenzen führt oft dazu, dass die Eltern den Willen aufbringen, die Verletzungen aufzuarbeiten – nicht für sich, aber für das Kind.
In beiden Fällen reicht dann der Wille aus. Werden nun die Systemgesetze vorgestellt und wie die Systemgesetzverletzungen aufgelöst werden können, wandelt sich oft dieser durch Konsequenzen aufgezeigte Wille in einen nach vorn gerichteten Willen um.

## Voraussetzungen in der systemischen Mediation

- Die Parteien wollen den Konflikt lösen **(Wille von allen)**
- Alle Verursacher sind bekannt und machen mit **(Wille von allen)**
- Die Parteien sind ausgeglichen stark ++ genug
- *Es war mal gut* für die Parteien
- *Sprachlich richtiges* Vorgehen
- *Offen* für das Neue, die »Brille« kann sich verändern
- Option, die Mediation zu *jedem* Zeitpunkt zu beenden oder zu unterbrechen
- Die Mediation ist *offen* bzgl. des Ergebnisses.
- Neutralität/Allparteilichkeit des Mediators

**Systemische Mediation als DAS Mittel der Konfliktlösung**
In der Tabelle finden Sie die unterschiedlichen Lösungsversuche in eskalierten Konflikten.

| Lösungsversuch durch | Vorteil | Nachteil |
|---|---|---|
| ↑ Systemische Mediation: Konsens | • Basis wird wieder hergestellt<br>• Langfristige Lösung<br>• positive Wirkung | • hoher Zeitaufwand |
| Klassische Mediation: Kompromiss/ Konsens | • Verhandlung<br>• Interessen aller werden berücksichtigt | • hoher Zeitaufwand<br>• Gefahr der Manipulation<br>• kleinster gemeinsamer Nenner |
| Administrative Entscheidung/ Delegation | • schnelle und sachliche Konfliktlösung | • Schiedsspruch wird nicht akzeptiert |
| Kampf | • Schnelle Bewältigung<br>• Abschreckung | • Scheinlösung<br>• Rachegefühle |

| Lösungsversuch durch | Vorteil | Nachteil |
|---|---|---|
| Flucht oder tot stellen | • Weg des geringsten Widerstandes, Sicherheit | • Scheinlösung<br>• Konflikte aufgeschoben<br>• Kalter Konflikt |

**Systemische Mediation: Kein paraphrasieren oder spiegeln – Kein: Habe ich Sie richtig verstanden, dass ...**

Spiegeln bedeutet, dass der klassische Mediator mit eigenen Worten kurz zusammengefasst wiedergibt, was der oder die andere gesagt hat. Das Spiegeln ist das wichtigste Mittel in der klassischen Mediation, um deutlich zu machen, dass man dem Gegenüber intensiv zuhört und um überprüfen zu können, ob man alles richtig verstanden hat. Missverständnisse können dadurch weitgehend vermieden werden.

In der systemischen Mediation wird das Spiegeln nicht angewendet, da es nicht nötig ist. Zum Auflösen von Systemgesetzverletzungen wird kein Verstehen gebraucht, sondern das konkrete Verhalten und die dazugehörigen Basisgefühle sowie Anerkennung.

## Hilfreiche Überzeugungen/Voraussetzungen zum Auflösen von Systemgesetzverletzungen

### Kein Täter- /Opfer-Denken

In komplexen Systemen, beispielsweise bei Konflikten in Teams oder Unternehmen, ist nicht mehr eindeutig zu sagen, welche Ursache der Konflikt hatte und was die Auswirkungen sind, denn eine Wirkung kann aus einer Ursache resultieren, die gleichzeitig, aber für uns unsichtbar, an anderer Stelle auftritt und selbst Wirkung derselben oder einer dritten Ursache ist. Von unserer Vorstellung der Kausalkette kommen wir also zu einem vernetzten komplexen Bild, in dem Ereignisse synchron an verschiedenen Stellen auftreten und zu Ergebnissen und Ereignissen führen. Das ist die sogenannte systemische Wechselwirkung.

In einem System von Täter und Opfer zu sprechen, ist hinderlich und nicht hilfreich. Ersetzen Sie Täter und Opfer durch Verursacher/Verantwortliche und Verletzte.

Es gibt Handlungen, Verantwortungen und die daraus resultierenden Konsequenzen. Es gibt aber keine klare, kausale, lineare Ursache-Wirkungs-Kette. Nur wenn der Blickwinkel auf zwei Personen oder auf einen Zeitausschnitt eingeschränkt wird, sieht es wie eine lineare Kette aus, aus der dann der Ursache-Wirkungszusammenhang und dadurch Täter und Opfer abgeleitet werden können. Dieses Vorgehen ist jedoch nicht hilfreich, um Konflikte dauerhaft zu lösen. Wie oben beschrieben, führt eine nicht aufgelöste Systemgesetzverletzung zu einer Rückverletzung – aus dem Verletzten wird der nächste Verursacher usw.

**Fragen dazu sind:**

- Wie groß muss ich den Ausschnitt wählen?
- Wie weit muss ich in der Kausalkette zurückgehen?
- Welche Wechselwirkungen oder Rückkopplungen hat es gegeben?

In den Kapiteln »Konflikte in Teams«, »Teamentwicklung« und »Unternehmensnachfolge« finden Sie dazu Beispiele, wie groß das verursachende System ist.
Ein weiterer wichtiger Punkt zum Auflösen von Systemgesetzverletzungen ist, sorgfältig auf die Sprache zu achten, denn Sprache schafft zumindest auf der Gefühlsebene (Denkgefühle) Realität.

**Ursache – Wirkung in unserer Sprache berücksichtigen**

Oft verbinden wir zwei Handlungen miteinander, als gäbe es einen kausalen, ursächlichen Zusammenhang zwischen den beiden Handlungen. In der Realität besteht jedoch lediglich ein zeitlicher Zusammenhang. Hierbei geht es um den Glauben, dass jemand durch sein Handeln beim anderen Gefühle oder Veränderungen des inneren Zustandes hervorrufen kann. Solange wir dieses glauben, sind wir abhängig vom Verhalten anderer und geben unsere Eigenverantwortung ab. So entstehen Vorwürfe, die möglicherweise wie folgt geäußert werden:

- Er macht mich wütend, weil er so unpünktlich ist.
- Das ewige Genörgel meiner Frau macht mich krank.
- Sie macht mich sehr glücklich.

In Situationen, in denen diese Ursache-Wirkungs-Aussagen zu hören sind, ist es hilfreich, folgende Auflösungsfragen zu stellen:

- *Wie schafft er es durch seine Unpünktlichkeit, dass Sie wütend werden?*
- *Wie genau erreicht Ihre Frau, dass Sie krank werden? Wollen Sie damit sagen, dass das Nörgeln Sie zwingt, krank zu werden?*
- *Wie macht sie das? Was genau tut sie, dass Sie sich glücklich fühlen?*

**Tipps**: Durch gezieltes Hinterfragen können wir unseren Gesprächspartner zu seiner Eigenverantwortlichkeit zurückführen. Die Voraussetzung ist, dass die Beziehung stimmt oder dass es die Erlaubnis zum Nachfragen gibt.

**Präzisionsfragen:**

- **Wie verursacht x ... genau y?**
- **Wie genau schafft er mit seinem Verhalten x, dass Sie mit y reagieren?**
- **Wie macht er das?**
- **Wollen Sie damit sagen, dass x Sie notwendigerweise zu y zwingt?**

Probieren Sie das mal aus, und fragen Sie Ihr Gegenüber als Betroffener, beispielsweise als Ehepartner.
Und werden Sie sich selbst als Betroffener bewusst, wann Sie Ihre Eigenverantwortung wieder einmal abgeben!

**Als CoachMediator oder Führungskraft hinterfragen Sie bitte solche Aussagen.** Ansonsten sollte Ihnen bewusst werden, wenn Sie solche Aussagen der Klienten einfach so im Raum stehen lassen, dass diese Aussagen eine Realität erzeugen und Sie dieser »falschen« Ursache-Wirkungs-Realität zustimmen.

**Kein Schuld-Denken**

In der Mediation treffe ich bei der Konfliktlösung immer wieder auf Aussagen wie: »Das ist meine Schuld« oder: »Das ist deine Schuld« oder: »Entschuldigung«. Bei Systemgesetzverletzungen führen diese Aussagen nicht zu einer Lösung sondern zum Stillstand der Eskalation.

> In einem System von Schuld zu sprechen, ist hinderlich und nicht hilfreich.

»Schuld« ist nach meiner Meinung eine Erfindung von Menschen, um eigene und politische Interessen oder Macht durchzusetzen. In der Natur, im Tier- und Pflanzenreich, gibt es keine Schuld. Es gibt dort Handlungen, Ereignisse und Verantwortung und daraus entstehende Konsequenzen.
Es geht nicht darum, wie in der Rechtsprechung über Schuldunfähigkeit zu sprechen, oder dass die »Opfer« selbst »mitschuldig« sind. Das Ziel ist es, dass jeder seine Verantwortung übernimmt und für die Konsequenzen aufkommt. Also das entstandene Leiden sieht und anerkennt und Ausgleich für eine Tat herstellt.

**Ein gewaltiger Unterschied: »Entschuldigung« und »Es tut mir leid«** Beide Begriffe werden im normalen Sprachgebrauch synonym benutzt. In schwerwiegenden Fällen wie beim Mobbing oder bei Systemgesetzverletzungen sind beide in der Anwendung zu unterscheiden:

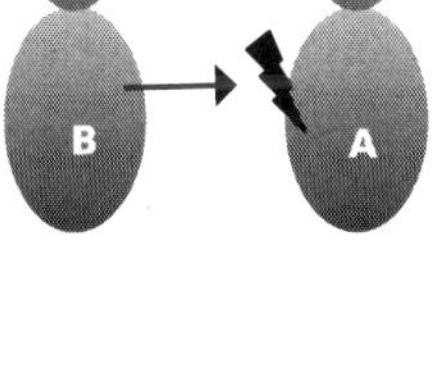

## Vergleich zwischen der Wirkung von »Entschuldigung« und »Es tut mir leid«

| **»Entschuldigung« oder »Mein Verhalten tut mir leid«** | **»Es tut mir leid, dass dir Leid entstanden ist«** |
|---|---|
| B's Handlung -> Schaden für A<br>B hat die Grenze von A überschritten | B's Handlung -> Schaden für A<br>B hat die Grenze von A überschritten |
| B sagt »Entschuldigung« – Bitte »**entschulde**« mich, mein Verhalten bzw. nimm die Schuld von mir zu dir -> B hat ein zweites Mal die Grenze von A überschritten, denn:<br><br>A hat die Verantwortung von B bekommen und muss antworten: entweder mit »Ja« oder »Nein«<br><br>Egal wie A antwortet: B hat den Schaden, die Schuld und die Verantwortung abgegeben | B steht zu seinem Verhalten und sagt: »Es tut mir leid, dass Leid bei dir entstanden ist« mit der entsprechenden inneren Haltung, da A sofort merken würde, ob die Aussage ehrlich gemeint ist oder nicht!<br><br>Dadurch wahrt B die Grenze, da A nicht antworten muss<br><br>B übernimmt Verantwortung für sein Verhalten und nimmt den Anteil der Wut von A, wofür B verantwortlich ist<br><br>A merkt, wenn die vorhandene Wut wegfließt<br><br>B fragt, ob und wie er die Verletzung noch zusätzlich ausgleichen kann |
| **»Entschuldigung« zu sagen, ist nicht sinnvoll, da es bei A zu keiner Auflösung der Verletzung kommt, sondern eher zu einer Vertiefung der Verletzung.** | **»Tut mir leid, dass du dich schlecht fühlst« zu sagen, ist sinnvoll, da es die Verletzung aufhebt.** |

Der Schlüssel zum Auflösen von Systemgesetzverletzungen ist das Gesetz 9 »Aussprechen/anerkennen, was ist« und das Gesetz 10 »Ausgleich schaffen«.

**Schritt 1. Aussprechen/anerkennen, was ist:**
»Ich habe ... (Systemgesetz Nr. ?) nicht beachtet, es war nicht meine Absicht, dich zu verletzen, es tut mir leid!«

Oder: »Ich sehe deine verletzten Gefühle, es war nicht meine Absicht, es tut mir leid (– ich sehe dein Leid oder Leiden)!«
Entscheidend ist hier die innere und äußere Haltung, die zeigt, ob es ehrlich gemeint ist. Es geht letztendlich darum, dass das Gesagte und das Sehen der Verletzung beim Gegenüber ankommen. Im Zweifelsfall sollte die Person B, die eine Verletzung bei Person A ausgelöst hat, nachfragen, ob die Anerkennung angekommen ist.
Erhält B als Antwort ein »Nein«, so ist die Haltung von B zu überprüfen. Es kann eine frühere Verletzung in umgekehrter Richtung vorliegen, d.h. A fühlt sich zeitlich gesehen schon vorher verletzt.

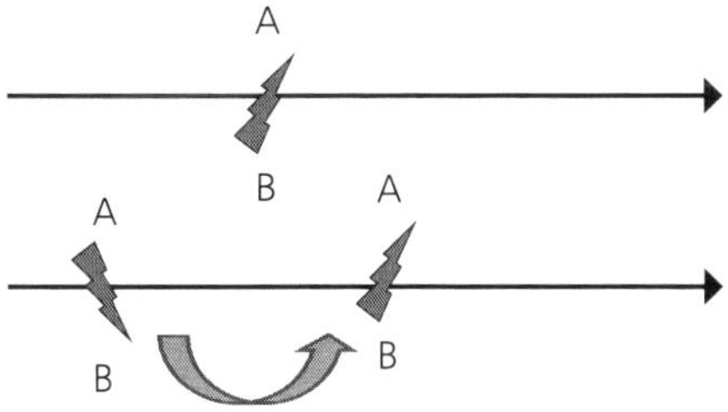


Es gab doch noch eine frühere Verletzung von A zu B.

**Schritt 2. Ausgleich schaffen:**
Erst wenn die Verletzung aufgelöst und die Anerkennung beim Gegenüber angekommen ist, kann Ausgleich geschaffen werden.
Der erste und grundlegende Ausgleich ist, dass der Verursacher den Anteil der Wut vom Verletzten zurücknimmt, für den er verantwortlich ist.
Die Frage nach einem zusätzlichen Ausgleich wird erst danach gestellt: »*Was brauchst du/brauchen Sie als weiteren Ausgleich, damit es wieder gut werden kann?*« Oft wird jedoch kein zusätzlicher Ausgleich gebraucht.
Beispiele für einen zusätzlichen Ausgleich sind: Gesichtswahrung, Wiederherstellung der Ehre und Auflösung von Kollateralverletzungen.

**Beispiel:** Ein Abteilungsleiter hat mit einem Professor eine Ausarbeitung für ein Vorgehen für sein Unternehmen erstellt. Dieses war vorher mit dem Geschäftsführer abgestimmt. Durch äußere Umstände steht der Geschäftsführer nicht mehr hinter dem Projekt und teilt dieses dem Professor mit, ohne es vorher dem Abteilungsleiter zu sagen. Der Abteilungsleiter fühlt Systemgesetz 1 und 2 (Ausschluss und fehlende Anerkennung) verletzt. Und er hat gefühlt sein Gesicht gegenüber dem Professor verloren. Nachdem die Verletzung zwischen dem Geschäftsführer und dem Abteilungsleiter aufgelöst wurde (Leid sehen, Wut nehmen), fragte ich, ob es noch einen Ausgleich braucht. Der Ausgleich bestand darin, dass der Geschäftsführer mit dem Professor sprach, seine Verantwortung übernahm (Leid sehen, Wut nehmen) und dass der Abteilungsleiter wieder seine Reputation/Ehre zurückbekam.

**WICHTIG! Bitte entschuldige mein Verhalten – diese Aussage hat keine Wirkung!**

**WIRKUNGSVOLL: Es tut mir leid – ich sehe dein Leid/ deine verletzten Gefühle!**

**Bitte ersetzen Sie:** Entschuldigung oder es tut mir leid, dass ich mich so verhalten habe -> Es tut mir leid, dass bei dir die Verletzung entstanden ist, es war nicht meine Absicht

| | |
|---|---|
| Mein Verhalten | -> verletzte Gefühle beim anderen! |
| (positive Absicht | -> negative Auswirkung) |

Wie schon am Anfang des Buches zum Thema »Positive Absicht« erörtert, kann das Verhalten nicht entschuldigt werden oder kann das Verhalten jemandem nicht leidtun, da das Beste in dem Moment (positive Absicht) getan wurde. Sehr wohl sollten ihm die daraus entstandenen verletzten Gefühle leidtun. Es ist auch für den Konfliktpartner nicht wichtig zu wissen, welche sachlichen Gründe oder positive Absicht hinter dem Verhalten standen – er möchte nur hören und fühlen, dass der Konfliktpartner seine verletzten Gefühle ansieht, anerkennt und dass sie ihm leidtun.

Nun kommen wir zum obigen Beispiel zurück.
Antwortet A auf die Frage: »Ist es angekommen?« mit »Nein«, dann bitte die Haltung von A und B überprüfen! Es könnte sein, dass es vor der Systemgesetzverletzung von B zu A noch eine frühere Verletzung von A zu B gibt, die der Grund dafür ist, weshalb B nicht aus ganzem Herzen sagen kann, es tue ihm leid. Diese frühere Verletzung muss ans Licht geholt werden.

CoachMediator an A: *Gab es noch eine Verletzung davor?*

Falls ja, so vertauschen sich die Rollen und Sie beginnen mit Schritt 1 erneut, so dass sich die frühere Verletzung bei B auflöst.
Danach kehren Sie zu A als Verletzten zurück. B kann dann aus der inneren Haltung heraus »es tut mir leid« sagen, so dass es bei A ankommt.

**WICHTIG! Klagt A über eine Verletzung, und das »Tut mir leid« von B kommt bei A nicht an, so niemals A fragen, was er von B braucht!**

Angenommen, A braucht mehr Wertschätzung und Anerkennung von B. Wird A vom CoachMediator gefragt, was er von B braucht, so kann A nicht darauf antworten, da sein Wunsch nach mehr Wertschätzung dann wertlos wird – es ist ein Dilemma. Denn spricht A seinen Wunsch aus und B fängt an, ihn mehr wertzuschätzen, so bleibt bei A das Gefühl, B macht es nur, weil ich es ihm gesagt habe. Es ist bestimmt nicht ganz echt.

Das Dilemma: Eine Frau sagt zu ihrem Mann: »Zeig mir, dass du mich lieb hast und zeige es dadurch, dass du mir Blumen schenkst.« Bringt der Mann nun Blumen mit, so könnte die Frau sagen: »Die schenkst du mir nur, weil ich es dir gesagt habe, du liebst mich doch nicht.« Bringt er keine mit, da er schon vermutet hat, wie seine Frau darauf reagiert, wenn er welche mitbringt, so könnte die Frau sagen: »Jetzt habe ich dir schon den Tipp gegeben, aber du bringst mir keine Blumen mit, du hast mich nicht lieb.« Der Mann kann nur verlieren.

Würde A auf die Frage hin, was brauchst du von B?, antworten: »Mehr Anerkennung«, so wäre es das Gleiche wie im obigen Beispiel.

**Ist die Aussage:** »Es tut mir leid« mit der entsprechenden Haltung beim Gegenüber angekommen, so geht es mit folgenden Schritten weiter:

**Schritt 2:** A lässt eventuell vorhandene Wut, Traucr oder andere Lasten heraus und B nimmt sie auf. Das heilt A's Verletzung.
**Schritt 3:** Nun ist es normalerweise so, dass A wegen seiner in der damaligen Situation verletzten Gefühle seinerseits B in einer darauffolgenden Situation verletzte usw.
Die gilt es jetzt aufzulösen. Also durchläuft B jetzt den Prozess, den A vorher durchlaufen hat. So wird auch seine Verletzung geheilt.
**Schritt 4:** Von da an gehen beide Partner mit den Schritten 1–3 durch jede Konfliktsituation bis zur Gegenwart hindurch. Damit lösen sich alle Verletzungen auf.
**Schritt 5**: Die beiden Partner gehen noch ein paar Schritte in die Zukunft und durchleben mit den geheilten Gefühlen mögliche neue Situationen, und wie sie sich dort angemessen verhalten.

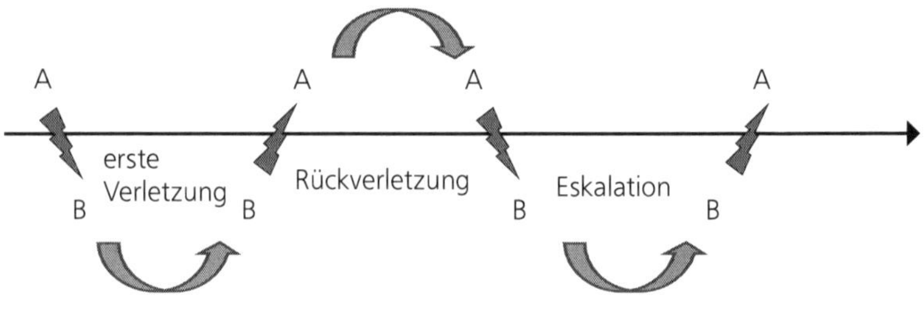

# KAPITEL 2: UMGANG MIT KONFLIKTEN UND MOBBING

## Mobbing

Im englischsprachigen Raum gibt es für den Begriff Mobbing (engl. mob: Meute, Bande) noch folgende Bezeichnungen:

- Bossing: Chef (Boss) mobbt einen Mitarbeiter
- Staffing: Mitarbeiter (Staff) mobben den Chef
- Bullying (engl. bully: Rüpel, gemeiner Kerl): Hauptsächlich als Bezeichnung für Mobbing in der Schule benutzt (und in England allgemein für Mobbing verwendet)

### Systemgesetzverletzungen als Ursache für Mobbing

**Mobbing sind Konflikte,** deren Ursache nicht auf der Sachebene zu finden ist.
**Symptome für Mobbing:** Ausschluss, schlecht machen, behindern, verletzen, bloßstellen, Informationen zurückhalten, unterschwellige, versteckte oder offene Aggressionen. Das Ziel ist Ausschluss!
**Folgen von Mobbing:** Rückzug, Täter/Opfer-Denken, Schuld-Denken oder Krankheit

**Mögliche Ursachen für Mobbing:**
**1. Systemgesetze (1–10)**, die direkt oder indirekt verletzt werden, z.B. unklare Zuständigkeiten, Rollen, Verantwortung, Aufgaben oder Kompetenzen, ungerechte Arbeitsverteilung, Über- und Unterforderung, Schattenhierarchie, widersprüchliche Anweisungen, mangelnder Handlungsspielraum, Kooperationszwänge, Mängel in der Kommunikationsstruktur, tiefgreifende organisatorische Veränderungen, Führungsschwäche, fehlende Anerkennung für den Chef...
**2. Beziehungsebene wirkt auf die Systemgesetzebene:** Konflikte auf der Beziehungsebene wirken sich auf die Systemgesetzebene aus und gehen dort in die Konfliktschleifen.
**3. Unbewusster oder nicht ausgesprochener Konflikt:** Der Konflikt und seine Ursache sind entweder nicht bewusst, oder sie sind bewusst, werden aber totgeschwiegen.

## Handwerkszeug: Was tun, wenn ein Mitarbeiter A einen Konflikt in der Gruppe meldet, oder wenn Mobbing vorliegt?

Es ist hilfreich, als Personalabteilung, Betriebsrat, Führungskraft, Coach oder Mediator nicht in Schubladen wie Täter/Opfer oder Schuld zu denken, sondern zu wissen, dass es viele Ursachen und Verantwortliche gibt.
Sie lernen im Folgenden ein von mir in der Praxis erprobtes Vorgehen kennen. Zuerst als Überblick, danach die jeweiligen Details. Zuerst wird mit der Teamleitung gesprochen (Punkte I a – IV a). Danach mit dem Mitarbeiter A (Punkte I b – IV b). Liegen zwischen dem Teamleiter und dem Mitarbeiter A Verletzungen vor, so gibt es eine Mediation mit den beiden. Sind diese aufgelöst, wird im nächsten Schritt das Team mit eingebunden.

## Typisches Vorgehen des CoachMediators im Überblick

| | |
|---|---|
| I a. Systemgesetzebene, Systemgesetze und wie Verletzungen aufgelöst werden können, vorstellen<br>II a. Systemogramm (Systemgesetze) ausarbeiten<br>III a. Zeit/Ursachen-Diagramm ausarbeiten<br>IV a. Wenn nötig, Coaching zur Stärkung des Teamleiters | Einzelarbeit mit der Teamleitung oder noch höherer Führungsebene |
| I b. Systemgesetzebene, Systemgesetze und wie Verletzungen aufgelöst werden können, vorstellen<br>II b. Systemogramm (Systemgesetze) ausarbeiten<br>III b. Zeit/Ursachen-Diagramm ausarbeiten<br>IV b. Wenn nötig, Coaching zur Stärkung des Mitarbeiters | Einzelarbeit mit dem Mitarbeiter A |
| V. Liegen Systemgesetzverletzungen zwischen dem Teamleiter und dem Mitarbeiter A vor, werden diese aufgelöst | Teamleitung und Mitarbeiter A |
| VI. Systemgesetzebene, Systemgesetze und wie Verletzungen aufgelöst werden können, vorstellen | Team und Teamleitung |
| VII. Systemogramm (Systemgesetze) ausarbeiten<br>VIII. Zeit/Ursachen-Diagramm ausarbeiten<br>IX. Konfliktpaare identifizieren<br>X. Weiteres Vorgehen klären | Team ohne Teamleitung |
| XI. Systemgesetzverletzungen paarweise zwischen Teamleiter und Teammitglieder sowie zwischen Teammitgliedern auflösen | Paarweise oder im Team mit Teamleitung |
| XII. Teamentwicklung wie Visionsarbeit - Teamvision, Rollenklärung ... | Team und Teamleitung |

**Um die Vorgehensweise zu verdeutlichen, folgendes Beispiel:**
Ein Mitarbeiter bezeichnet sich als Mobbingopfer. Ich arbeite zunächst jeweils einzeln mit diesem Mitarbeiter und seiner Führungskraft.

### I. Systemgesetze und Auflösung von Verletzungen vorstellen - Ursachen finden

- *Auf welcher Ebene liegt der Konflikt? Auf der Sach-, Beziehungsebene oder Systemgesetzebene?*
- Systemgesetze und wie Systemgesetzverletzungen aufgelöst werden, vorstellen

### II. Systemogramm ausarbeiten (Verantwortliche finden)

- Organigramm aller Konfliktbeteiligten aufzeichnen, Dienstalter eintragen
- Inoffizielle Hierarchien wie Schattenebenen aufzeichnen Konfliktpfeile mit Richtung aufzeichnen und mit den entsprechenden Nummern der Systemgesetze, die verletzt wurden, beschriften. Im folgenden Bild wird ein Systemogramm verdeutlicht.

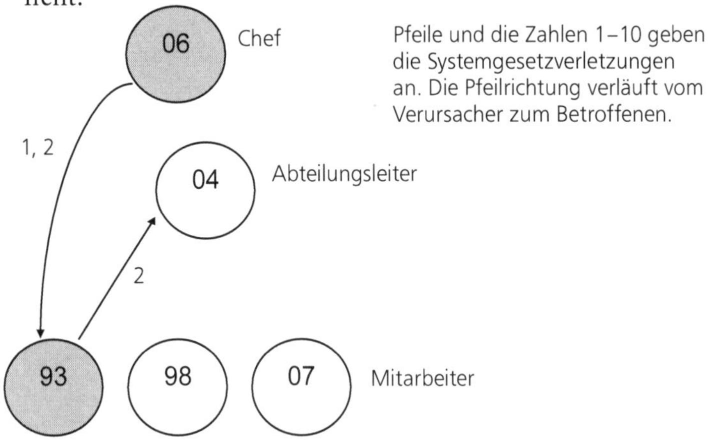


In der Abbildung fühlt sich der Mitarbeiter, der seit 1993 im Unternehmen ist, vom Chef ausgeschlossen (1) und nicht respektiert (2).

Der Abteilungsleiter fühlt sich vom Mitarbeiter, der seit 1993 im Unternehmen ist, nicht anerkannt (2).
Das Aufzeichnen des Systemogramms mit den entsprechenden Systemgesetzverletzungen wirkt erleichternd und lösend, denn hier wird das neunte Systemgesetz: »Aussprechen/anerkennen, was ist« durchgeführt. Gleichzeitig werden die Zusammenhänge deutlich und es ergibt sich ein umfassenderes Bild. Jeder kann so seine Verantwortlichkeiten und auch die der anderen erkennen.
Als Personalabteilung, Betriebsrat oder Konfliktvermittler gilt es, auch unangenehme Aspekte aufzudecken und auszusprechen.
Beim Mobbing werden oft gerade die wichtigen und entscheidenden Dinge nicht ausgesprochen, wodurch der Konflikt weiter schwelt.

**Verantwortliche finden**
Zum Auflösen von Systemgesetzverletzungen wird neben der Voraussetzung »Es war mal gut/neutral« noch die Voraussetzung gebraucht: Die Verursacher bzw. Verantwortlichen sind bekannt. Oft gibt es mehrere Verursacher/Verantwortliche für eine Verletzung.

**Mehrere Verursacher - gestapelte Wut**

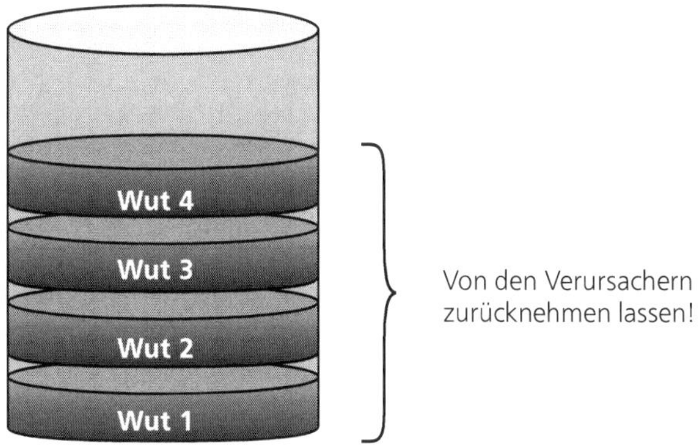


Da zum Abbauen von Wut immer der Verursacher zum Nehmen der Wut gebraucht wird, kann die Wut auch als Hilfsmittel genutzt werden, um die Verursacher zu finden. Kann ein Verursacher einen

Teil der Wut nehmen und beim Verletzten bleibt noch Wut zurück, so gibt es noch weitere Verursacher, die gefunden werden müssen.

**Beispiel:** Ein Geschäftsführer stellt einen neuen Abteilungsleiter ein. Der neue Abteilungsleiter erkennt das Frühere nicht genügend an, so dass sich Mitarbeiter verletzt fühlen. In diesem Beispiel ist der Abteilungsleiter Verursacher der direkten Verletzung. Der Geschäftsführer ist jedoch mitverantwortlich, denn er hat erstens den Abteilungsleiter ausgesucht und zweitens nicht dafür gesorgt, dass der Abteilungsleiter das Frühere genügend anerkennt. Somit gehören ein Teil der Wut zum Abteilungsleiter und ein Teil zum Geschäftsführer.

### III. Zeit/Ursachen-Diagramm ausarbeiten (Es war mal gut/neutral)

Das Aufstellen des Zeit/Ursachen-Diagramms hat das Ziel, die verschiedenen Verursacher/Verantwortlichen zu identifizieren und festzustellen, ob es für die Beteiligten eine Zeit gab, in der es für sie gut/neutral war – also noch keine Systemgesetzverletzung vorlag. Gibt es diesen Zustand, so können wie oben beschrieben die Systemgesetzverletzungen aufgelöst werden. Gibt es diesen Zustand des »Es war mal gut/neutral« nicht, so liegen dafür die unterschiedlichsten Gründe vor, die weiter unten erläutert werden.

- *Gab es eine Zeit, in der noch alles in Ordnung war? Wie war Ihr erstes Kennenlernen?*
- *Wann fing es an? Es gilt, den ersten Auslöser zu finden.*
- *Welchen zeitlichen Verlauf hat die Konfliktgeschichte genommen?*

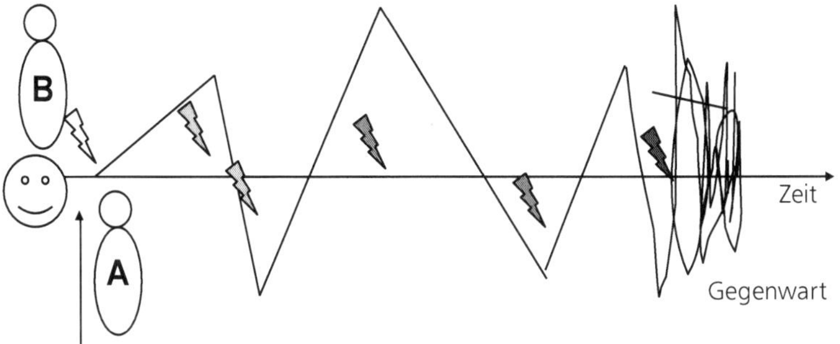


Es war mal gut/neutral und dann den ersten Auslöser finden, sonst kommt es nicht zu einer Lösung!

Die Konfliktenergie ist kurz vor oder in der Gegenwart sehr hoch. Deshalb ist es nicht sinnvoll, sich den Konflikt um die Gegenwart herum beschreiben zu lassen, da es sonst zu einem »Durchbrennen« kommen kann und die Lösung so verhindert wird. Deshalb ist die Frage: *Wann war es noch gut?* notwendig, um weiterarbeiten zu können.

War es mal gut/neutral zwischen den Beteiligten, wird der erste Auslöser gefunden und sind die gegenseitigen Verletzungen, die durch Reaktion auf Reaktion auf Reaktion entstanden sind, nicht zu groß, so lässt sich weiterarbeiten.

Wichtig ist, dass der Mitarbeiter erkennt, welchen Anteil er an der Situation hat und welche Anteile die anderen tragen. Er sollte erkennen, dass es keine Schuld oder Täter und Opfer gibt, gleichwohl aber jeder sich seiner Verantwortung bewusst werden und sie tragen muss.

**II und III zusammen: Systemogramm und Zeit/Ursachen-Diagramm**

Hier nun ein Beispiel einer durchgeführten Mediation, die über einen Zeitraum von drei Monaten ging und in der ich ein Systemogramm kombiniert mit dem Zeit/Ursachendiagramm erstellt habe.

Dazu hatte ich zuerst ein Einzelgespräch mit der Abteilungsleiterin A und jeweils mit den beiden Hauptkonfliktpartnern Teamleiter D und Mitarbeiterin B.

**Systemogramm + Zeit/Ursachen-Diagramm**

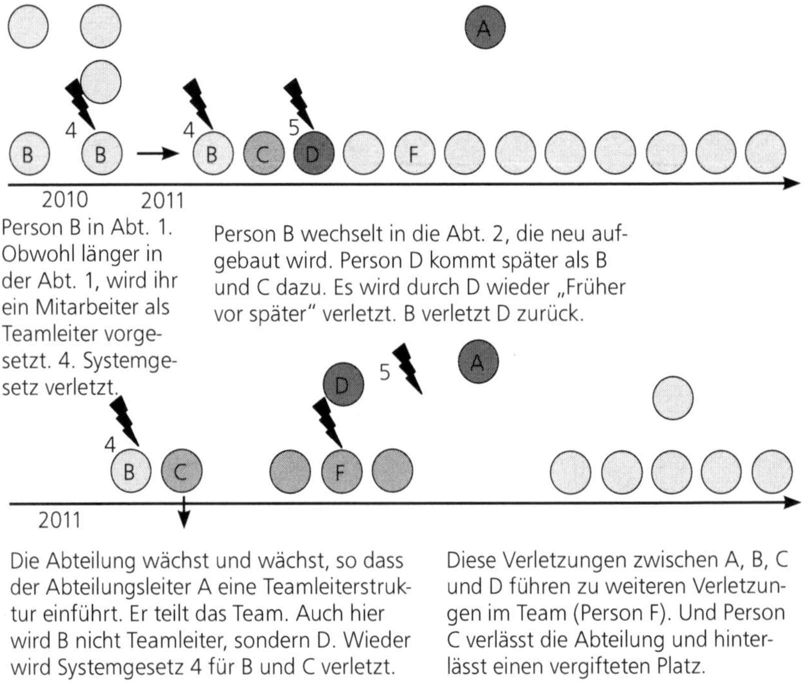


Es dient dazu, die jeweiligen Verursacher und Paare zu finden, mit denen eine Mediation durchgeführt wird. Hier nun das durchgeführte Vorgehen. CM ist die Abkürzung für den CoachMediator.

**Durchgeführtes Vorgehen**

Da B schon eine Verletzung aus ihrer vorherigen Abteilung mitbrachte (vergifteter Platz), habe ich mit ihr ein Einzelcoaching durchgeführt, damit die Voraussetzung »Es war mal gut/neutral« gegeben ist.
Ein vergifteter mitgebrachter Platz oder auch ein vorgefundener vergifteter Platz führen dazu, dass die Voraussetzung »Es war mal gut/neutral« nicht gegeben ist. Weiter unten beschreibe ich viele weitere mögliche Ursachen, weshalb es noch nie, selbst beim Kennenlernen, gut war und wie diese Ursachen aufgelöst werden können.

**IV. Weiteres Vorgehen klären**

- beispielsweise weitere Mitarbeiter oder Chefs mit einbeziehen, weitere Verursacher finden
- (Einzelgespräche mit den anderen Konfliktpartnern und dann zusammen als Paare oder im Team)

- Ist ein Coaching sinnvoll?
- Förderer, Verbündete, Kritiker, Betroffene ausfindig machen und »ins Boot holen«
- Mediation oder Moderation mit der gesamten Gruppe oder zuerst mit Teilgruppen

Ursachen für Konflikte in Gruppen und Mobbing liegen oft darin, dass die zuständigen Führungskräfte sich Ihrer Verantwortung für bestimmte Abläufe und Auswirkungen von Systemgesetzverletzungen nicht bewusst sind. Oder die führungsschwachen Chefs können nicht ihre Verantwortung übernehmen.

Umso wichtiger ist es, die Führungskräfte mit einzubeziehen. Damit sie das nötige Wissen erlangen und evtl. durch Coaching führungsstärker werden.

**V. Konflikt auflösen**

- Die Konfliktbeteiligten, also die Gruppe, erarbeiten gemeinsam die Schritte I bis III. Sie finden die Ursachen (Verursacher/Verantwortliche) und stellen ein Systemogramm sowie ein Zeit-/Ursachen-Diagramm (»Es war mal gut/neutral«) auf. Es dient dazu, die jeweiligen Verursacher und Paare zu finden, mit denen eine Mediation durchgeführt wird.
  Dann paarweise im Dreiergespräch oder paarweise vor der Gruppe:
- Aussprechen lassen, was ist!
- »Es tut mir leid« mit der entsprechenden Haltung aussprechen lassen
- Ausgleich finden: Wut nehmen
- Lernschritte und Aufgaben ausarbeiten. Beispielsweise strukturelle Verbesserungen, der Chef nimmt die Chefhaltung an, Rollen werden festgelegt oder der Mitarbeiter lernt, den Chef an-

zuerkennen, obwohl er fachlich kompetenter ist. Diese Themen lassen sich im Coaching bearbeiten.

- Themen auf der Beziehungsebene und auf der Sachebene werden geklärt und aufgelöst, und daraus ergeben sich Handlungsanweisungen, z.B. eine To-do-Liste oder ein Aktionsplan.

Hier nun zwei Beispiele von real abgelaufenen Mediationen.

**Beispiel 1: Konflikt zwischen Geschäftsleitung und Betriebsrat**
Zwischen der Geschäftsleitung (Vorstand, operativer Geschäftsführer, kaufmännischer Geschäftsführer, Werksleiter - Gruppe A) und dem Betriebsrat (Betriebsratsvorsitzenden und sechs weiteren Betriebsräten - Gruppe B) gab es seit den letzten zwei Jahren Konflikte auf der Sachebene, die sehr schwierig oder gar nicht gelöst werden konnten. Außerdem war die Stimmung von Misstrauen und Vorwürfen geprägt. Es lagen also Systemgesetzverletzungen vor.
Im folgenden Ablaufplan ist das Vorgehen in sechs Schritten dargestellt.

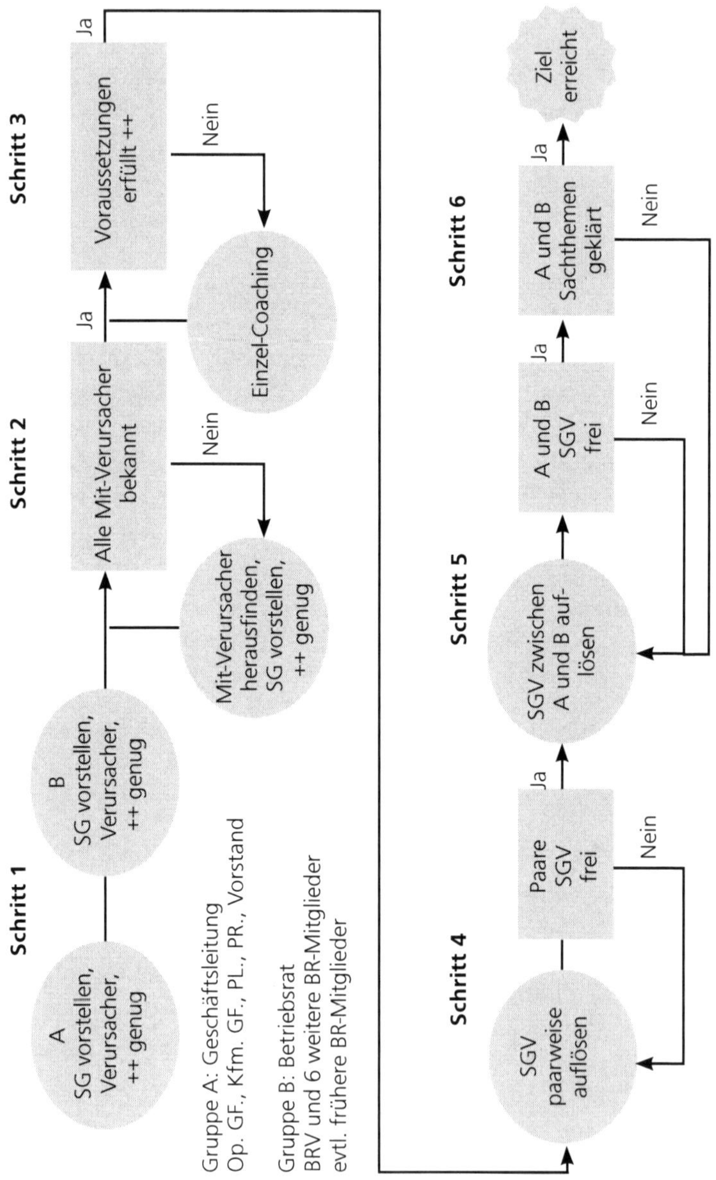
Schritt 1
A
SG vorstellen, Verursacher, ++ genug
B
SG vorstellen, Verursacher, ++ genug
Gruppe A: Geschäftsleitung
Op. GF., Kfm. GF., PL., PR., Vorstand
Gruppe B: Betriebsrat
BRV und 6 weitere BR-Mitglieder
evtl. frühere BR-Mitglieder
Schritt 2
Alle Mit-Verursacher bekannt
Nein
Mit-Verursacher herausfinden, SG vorstellen, ++ genug
Ja
Schritt 3
Voraussetzungen erfüllt ++
Nein
Einzel-Coaching
Ja
Schritt 4
SGV paarweise auflösen
Paare SGV frei
Nein
Ja
Schritt 5
SGV zwischen A und B auf-lösen
A und B SGV frei
Nein
Ja
Schritt 6
A und B Sachthemen geklärt
Nein
Ja
Ziel erreicht

**Schritt 1:** ½ Tag zur Vorstellung der Systemgesetze, wie Systemgesetzverletzungen aufgelöst werden können sowie die Erstellung des Systemogramms und des Zeit-/Ursachendiagramms jeweils bei der Geschäftsleitung A und beim Betriebsratsvorsitzenden und den 6 weiteren Betriebsratsmitgliedern B.

**Schritt 2:** Dabei stellte sich heraus, dass der Personalleiter noch Mitverursacher für Systemgesetzverletzungen war. Auch ihm wurden dann die Systemgesetze usw. vorgestellt.

**Schritt 3:** Voraussetzung für eine erfolgreiche Auflösung von Systemgesetzverletzungen ist das Aufdecken des Zeitpunktes, zu dem es noch gut war, und das Herausfinden des Verursachers für die erste Verletzung. Des Weiteren müssen alle Beteiligten stark genug sein, ihr Handeln beim Gegenüber zu erkennen und das verursachte Leid zu sehen. Ist das nicht der Fall, gehen wir zunächst in das Einzelcoaching, um die Beteiligten zu stärken. Einzelcoaching wurde zweimal á drei Stunden mit dem kaufmännischen Leiter sowie ein Einzelcoaching beim Betriebsratsvorsitzenden von vier Stunden durchgeführt.

**Schritt 4:** Sind die Verursacher und die verletzten Beteiligten stark genug, bringen wir paarweise die Beteiligten zusammen, die sich verletzt haben, um die Verletzung aufzulösen. Dabei achten wir auf die zeitliche Reihenfolge. Es wurden Systemgesetzverletzungen zwischen dem kaufmännischen und dem operativen Geschäftsführer sowie zwischen dem Betriebsratsvorsitzenden und einer Betriebsrätin aufgelöst. Danach wurden Systemgesetzverletzungen zwischen dem Betriebsratsvorsitzenden jeweils mit dem Personalleiter, mit dem kaufmännischen Geschäftsführer und dem Werksleiter aufgelöst. Im Durchschnitt dauern diese paarweisen Mediationen einen halben Tag.

**Schritt 5:** Ist dieser Prozess mit allen Paaren vollzogen und alle Systemgesetzverletzungen aufgelöst, werden die beiden Parteien (Gruppe A und B) für einen Tag zusammengebracht, um zu prüfen, ob die Basis gegeben ist, Sachthemen zu klären. Hierbei zeigte sich noch eine ungelöste Systemgesetzverletzung zwischen dem Personalleiter und einem Betriebsratsmitglied. Diese Systemgesetzverletzung wurde aufgelöst.

**Schritt 6:** Im letzten Schritt wurden die Sachthemen an zwei Tagen moderierend geklärt, da nun eine Basis für die Zusammenarbeit wieder wie vor zwei Jahren hergestellt war. Das Ziel – konstruktiv und erfolgreich zusammenzuarbeiten – konnte so erreicht werden. Hätte ein Sachthema nicht geklärt werden können, so wäre zu prüfen gewesen, ob noch eine Systemgesetzverletzung vorliegt.

**Beispiel 2: Ausgesprochene »Kündigung«**
Zwischen der langjährigen Mitarbeiterin A und der Abteilungsleiterin AL kam es zu Systemgesetzverletzungen. Diese eskalierten immer weiter. Die Mitarbeiterin sprach allein mit dem Vorstand Service, ohne die Abteilungsleiterin zu informieren bzw. der Vorstand Service hörte sich die Klagen der Mitarbeiterin A an, wodurch er diesen Ausschluss seiner Abteilungsleiterin verstärkte. Daraufhin wurde der Personalleiter mit ins Boot gezogen, um eine Lösung zu finden. Sie holte sich zur Verstärkung den Betriebsratsvorsitzenden an ihre Seite. Die jeweiligen »Brillen« und Sichtweisen auf die jeweils andere waren so eingefärbt, dass keine Lösungsfindung mehr sichtbar war. Deshalb wurde ihr eine Kündigung angetragen, was sie ablehnte. Der Personalvorstand kannte meine Arbeit und so kam ich zum Erstgespräch mit dem Personalleiter zusammen. Folgende Ausgangslage wurde berichtet.

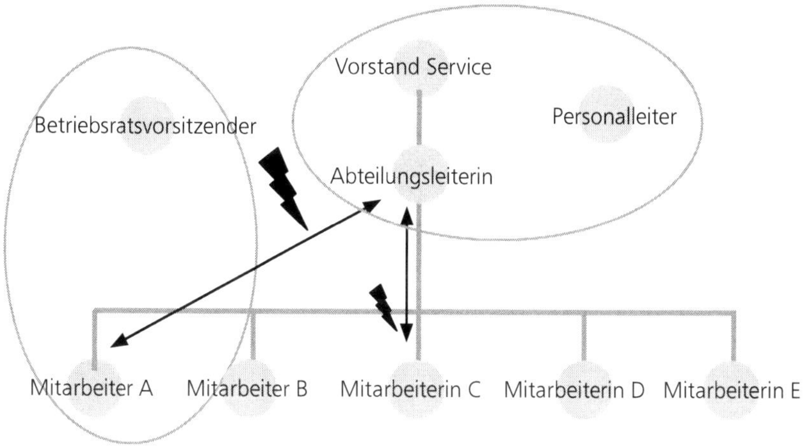


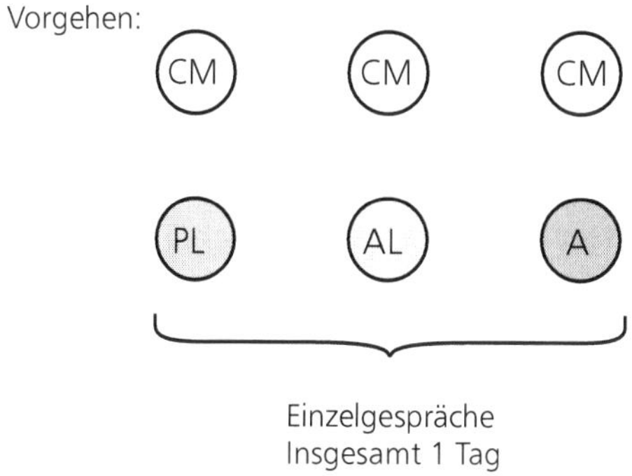


Zunächst fand ein Einzelgespräch mit dem Personalleiter statt, um den Auftrag, Ziele und Beteiligte zu klären. Es war hier nicht nötig, zuerst mit dem Vorstand Service zu sprechen, da er nicht Verursacher, sondern selbst durch die Eskalation Betroffener wurde. Hätte sich im Gespräch mit dem Personalleiter herausgestellt, dass die ersten Verletzungen vom Vorstand Service stattgefunden hätten, so wäre das Vorgehen anders gewesen. Ich hätte dann zuerst ein Einzelgespräch mit dem Vorstand Service veranstaltet.
Es folgten jeweils Einzelgespräche mit der Abteilungsleiterin und der Mitarbeiterin A. Es wurde geklärt, ob die Voraussetzungen zum

Auflösen von Systemgesetzverletzungen erfüllt sind. Die Systemgesetze wurden vorgestellt, jeweils ein Systemogramm und Zeit- /Ursachen-Diagramm erstellt und der Zeitpunkt gefunden, an dem es zwischen beiden gut/neutral war. Es wurde geprüft, ob beide kraftvoll ++ genug sind. Beide konnten alle Voraussetzungen erfüllen, so dass ein Einzelcoaching nicht nötig war.

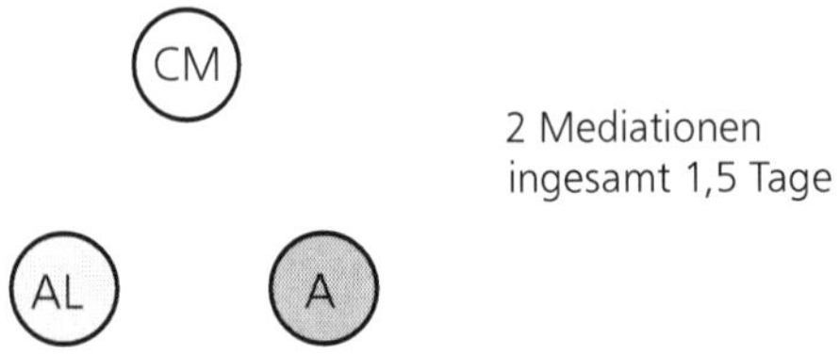


Der nächste Schritt wurde dann eine Woche später gegangen.
In zwei Mediationen wurden die Systemgesetzverletzungen aufgelöst. Die erste Ursache für die Verletzung war, dass die Abteilungsleiterin mit einem Mitarbeiter über die Mitarbeiterin A gesprochen hatte und die Abteilungsleiterin daraufhin ihre »Brille« veränderte. Die gefärbte »Brille« führte dann zu einem Verhalten der Abteilungsleiterin, das eine Verletzung bei der Mitarbeiterin auslöste und in der Folge die weiteren Verletzungen von beiden.

Die eine Herausforderung in der Mediation bestand darin, die beiden Frauen dazu zu bringen, ihr jeweiliges Leid bzw. das Basisgefühl 1 der Verletzung auszusprechen bzw. zu zeigen. Die andere Herausforderung war, das Neue/die neue »Brille« herzustellen.
Die Abteilungsleiterin hatte dabei Schwierigkeiten, weshalb es nach den Mediationen und zur Vorbereitung der Teammediation noch ein Telefongespräch gab.

Die Vermutung war, dass es noch Systemgesetzverletzungen zwischen der Mitarbeiterin A und anderen Teammitgliedern gäbe. Deshalb wurde eine Teammediation durchgeführt. Nachdem ich allen die Systemgesetze und wie die Verletzungen aufgelöst werden, vorgestellt hatte, setzten wir die Mediation ohne Abteilungsleiterin fort. Es ist oft einfacher, die Systemgesetzverletzungen, das Systemogramm und den Zeitpunkt zu finden, an dem es noch für den jeweils Einzelnen gut war, ohne die Führungskraft zu erarbeiten. Sind sie aufgedeckt worden, kommt die Führungskraft wieder dazu und die Verletzungen werden – wenn möglich – mit allen Teammitgliedern der zeitlichen Reihenfolge nach aufgelöst. Ab und zu ist dieses mit dem gesamten Team nicht möglich, dann werden paarweise im geschützteren Rahmen die Verletzungen aufgelöst.
Es stellte sich heraus, dass keine größeren Systemgesetzverletzungen mehr vorlagen, die Teammitglieder jedoch unter zu viel Arbeit und zu geringen Ressourcen litten. Diese Überlastung führte zu Stress, Krankheiten und auch Konflikten untereinander. Als die Abteilungsleiterin wieder dazu kam, konnten ihre Mitarbeiterinnen ihr Leid und ihre Basisgefühle 1 zeigen und die Abteilungsleiterin konnte sie anerkennen und auch Wut nehmen.
Zwei Maßnahmen wurden danach ergriffen, um diesen Überlastungszustand zu verändern. Erstens hat die Abteilungsleiterin sich vom Vorstand Service Ressourcen wie eine neue Stelle besorgt. Zweitens haben alle Mitarbeiter eine Aufgaben, Verantwortung, Kompetenzen, Konsequenzen-Liste (AVKK-Liste) erstellt.

| **AVKK – Liste als Entscheidungsgrundlage** | | | | | | | |
|---|---|---|---|---|---|---|---|
| **Name** | | | | | | | |
| Priorität | Status | Bis wann? | Zeit/Dauer | Konsequenzen | Kompetenz | Verantwortung | Aufgabe |
| Höchste | rot | 31.12. | 3 Tage/ Woche | Kunden können nicht bedient werden | Mitarbeiter fehlt, wurde abgeworben | ja | Aufgabe |
| Mittlere | grün | 31.07. | 1½ Tage/ Woche | | ja | ja | Projekt P |
| Niedrigste | gelb | 30.03. | | | Zulieferer hat Lieferschwierigkeiten | ja | Projekt W |
| | blau | | | Schlechtes Gefühl | Keine Ressourcen, Projekt liegt auf Eis | | Projekt = wie abgetauchtes »U-Boot« |

rot = Ziel nicht erreichbar, am Projekt wird aber gearbeitet
grün = Ziel wird erreicht werden
gelb = Ziel mit viel Anstrengung noch erreichbar
blau = Ressourcen fehlen, Projekt kann nicht bearbeitet werden

Erstens ging es darum, einen Überblick über alle Aufgaben und Projekte und deren Zeitdauer zu bekommen, so dass die Abteilungsleiterin besser die benötigten Ressourcen einschätzen konnte, und zweitens wurden alle blau gekennzeichneten »U-Boote«, d.h. alle Aufgaben, die nicht mehr direkt im Fokus liegen, da keine Zeit dafür vorhanden ist, aufgedeckt. Entweder wurden nicht mehr benötigte Aufgaben oder Projekte offiziell für beendet erklärt oder sie wurden neu priorisiert und bekamen einen roten Status.
Das Aufdecken und Umwandeln der »U-Boote« vermindert Stress, denn »U-Boote« machen schlechte Gefühle oder Angst. Oft tauchen Gedanken zu den blauen Aufgaben nachts auf (schlaflose Nächte).

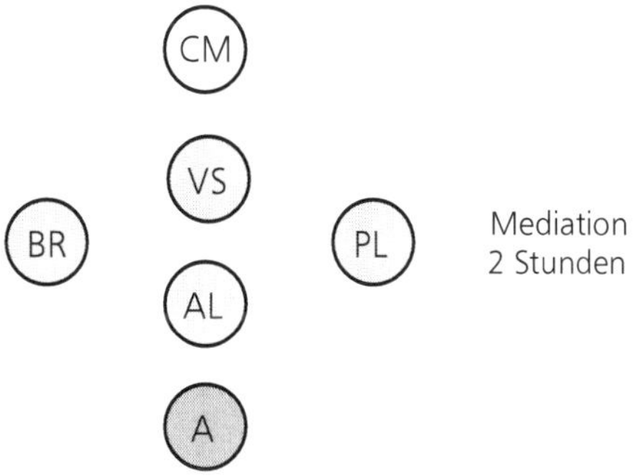


Zwei Monate nach der Teammediation ging es im Treffen mit obenstehenden Beteiligten darum, das Neue/die neue »Brille« an alle bisherigen »Zaungäste« weiterzugeben und noch vorhandene Systemgesetzverletzungen aufzulösen.
Es war möglich, dass der Vorstand Service und der Personalleiter das Leid bei der Mitarbeiterin A anerkennen und Verantwortung/Wut nehmen konnten. Sie konnten auch ihr Basisgefühl wie Trauer und Hilflosigkeit aussprechen, da sie keinen Ausweg außer der Kündigung sahen. Dieses konnten die Mitarbeiterin A und die Abteilungsleiterin anerkennen und auch ihre Verantwortung für den Konflikt übernehmen, so dass Wut zu den beiden floss.

# KAPITEL 3: AUFTRAGSKLÄRUNG

Das Wissen oder Gefühl der Stimmigkeit wird auch für den CoachMediator für die Auftragsklärung gebraucht. Nur wenn der Auftrag sich stimmig anfühlt, darf der CoachMediator ihn annehmen. Zeigt sich eine kleine Unstimmigkeit, Körpersignal oder zweifelnde Gedanken, dann muss der CoachMediator entweder mit dem Auftraggeber weiter den Auftrag klären oder sich selbst hinterfragen, ob eine inhaltliche Befangenheit vorliegt.
Für eine Mediation wird immer ein Auftrag gebraucht. Damit ist einerseits die Frage gemeint, welchen Auftrag mit welchem Ziel erhalte ich vom Klienten, und andererseits muss ich innerlich klar sein, ob ich mir selbst den Auftrag gebe oder den Auftrag stimmig annehmen kann für die Mediation.

## Nachhaltigkeit und Stimmigkeit – Gefühlsarbeit mit dem Basisgefühl und dem Denkgefühl

**Stimmiges und unstimmiges Gefühl**

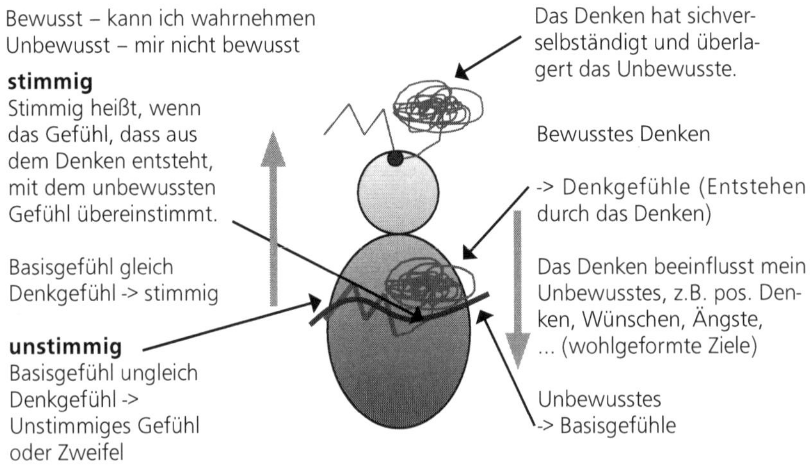

Um nachhaltig Veränderungen und Ziele zu erreichen, ist es entscheidend, die Ursachen zu finden und diese aufzulösen. Sind die Ursachen bei den Vorfahren und deren Systemgesetzverletzungen oder bei selbsterlebten Systemgesetzverletzungen zu finden, so speichern sich diese als Basisgefühle ab. Das Denken und die daraus entstehenden Denkgefühle können diese Verletzungen durch ein Umdenken oder Vergeben, Verzeihen und Versöhnen nicht auflösen. Die Ursache ist nämlich nicht das Denken, sondern die erlebten ungelösten Systemgesetzverletzungen.
Deshalb wird in der systemischen Mediation mit den Basisgefühlen gearbeitet. Auch wird das Denken genutzt, indem beispielsweise der Zeitpunkt gefunden wird, als es noch gut war. Und wie wäre es bei der Rückverletzung gewesen, wenn die erste Verletzung aufgelöst und kein unangenehmes Basisgefühl mehr vorhanden gewesen wäre? Oder wenn ein vergangenes Erlebnis mit neuen Augen angesehen wird und die Personen im Neuen ein anderes Verhalten und andere Fähigkeiten zeigen können? Dieses erzeugt neue Denkgefühle, das reicht jedoch nicht aus. Deshalb wird immer der Abgleich zwischen dem Basisgefühl und dem Denkgefühl vorgenommen.

**Stimmig:** Stimmen das Basis- und das Denkgefühl überein, so wird es als stimmig bezeichnet.
**Unstimmig:** Stimmen das Basis- und das Denkgefühl nicht überein, so wird es als unstimmig bezeichnet.

Nur wenn es sich stimmig anfühlt, kann eine nachhaltige Veränderung oder Konfliktauflösung stattfinden. Ist es nicht stimmig, kann es sich trotzdem kurzzeitig besser anfühlen als vorher. Es ist jedoch nicht nachhaltig, da nicht die Ursachen bzw. die Basisgefühle bearbeitet wurden.
Entscheidend ist in der systemischen Mediation, dass das Leid vom Verursacher anerkannt wird und dass diese Anerkennung beim Verletzten stimmig ankommt und sich das Leid für die Situation auflöst.

Nur dann kann es weitergehen und der Verursacher seinen Anteil der Wut vom Verletzten nehmen. Auch hier gilt es zu überprüfen, ob das stimmig möglich ist und sich die Wut zum Teil für die Situation auflöst. Erst dann geht man in Gedanken zur nächsten Situation, als es zu einer weiteren Verletzung kam, benennt nur mit einem Stichwort die Situation, um dann zuerst das Neue zu beschreiben. Wie wäre es in der Situation gewesen ohne die vorherige Verletzung? Die Beschreibung sollte sich für beide stimmig anfühlen. Etwas Ausgedachtes, was sich unstimmig anfühlt, bringt ansonsten den Prozess zum Stillstand.
Die Auftragsklärung ist sowohl für den CoachMediator als auch für die Führungskraft die entscheidende Grundlage für eine gute Arbeit. Ohne Auftrag wird es schwierig, stockend, manipulativ.
Es gibt drei wichtige Fragen zur Auftragsklärung:

**1. Was ist das Ziel des Auftraggebers?**
Auftraggeber sind beispielsweise der Klient im Coaching, die Konfliktparteien in der Mediation, der Vorstand oder die Geschäftsführung.

**2. KDW-Fragen: Kann/Darf/Will … ich das?**
Nur wenn ich auf die erste Frage eine Antwort erhalten habe, kann ich mir als CoachMediator überlegen, ob ich auch dort hin will und ob ich genügend Kompetenzen besitze. Entweder, um im Coaching und der Mediation die Klienten dabei zu unterstützen oder um den Auftrag beispielsweise für ein neues Projekt oder für eine Organisationsveränderung zu übernehmen.

Wenn ich stimmig »Ja« zu allen drei Fragen: Kann ich das? Darf ich das? Will ich das? sagen kann, darf ich den Auftrag annehmen.

| | |
|---|---|
| **K**ann ich das? | Habe ich die Kompetenzen? Traue ich mir zu, den Klienten optimal unterstützen zu können? |
| **D**arf ich das? | Wenn ich unbedingt diesen Job machen **muss**, z.B. weil ich Geld brauche oder weil der Klient sich unbedingt verändern **soll**, dann darf ich nicht! Ich darf nur, wenn es kein MUSS oder SOLL gibt. |
| **W**ill ich das? | Habe ich Lust dazu? Stimmt der Ausgleich, z.B. die Bezahlung? |

**3. Ökologiefragen:** Mögliche negative Auswirkungen
Jede Konfliktlösung kann trotz der positiven Effekte auch negative Begleiterscheinungen haben.

## Systemcheck/Ökologiefragen in der Mediation

**Beispiel:** Eine Tochter hatte mit ihrer Mutter laufend Konflikte. Ihr Prozessziel war, dass sie keine Konflikte mehr mit ihrer Mutter hat. Auf die Frage, was passieren würde, wenn sie dieses Ziel erreicht hätte, wurde sie blass und sagte: »Dann hätte ich keinen Kontakt mehr zu meiner Mutter – das will ich aber nicht. Dann lieber Kontakt und dafür die Konflikte behalten.«
Damit sie trotzdem ihr Ziel erreichen konnte, stellte ich die folgende Frage: »*Was müssen Sie tun, lernen oder verändern, damit diese negative Auswirkung (kein Kontakt mehr zur Mutter) nicht eintritt?*«
Hilfreich für sie war, die Systemgesetze und wie Systemgesetzverletzungen aufgelöst werden, kennenzulernen.
Mögliche negative Auswirkungen sind unbedingt zu hinterfragen, damit es zu keiner Symptomverschiebung kommt und eine Veränderung nachhaltig sein kann.
Ich gehe davon aus, dass jede Veränderung auch negative Auswirkungen hat. Deshalb ist es so wichtig, diese ausfindig zu machen und dafür zu sorgen, dass diese negativen Auswirkungen nicht eintreten.

**Folgende Fragen zum Systemcheck in der Mediation sind hilfreich:**

*Welche negativen Auswirkungen können bei der Zielerreichung/Konfliktlösung eintreten?*

*Was muss getan, gelernt oder verändert werden, damit diese negativen Auswirkungen nicht eintreten?*

Oft führt der nicht durchgeführte Systemcheck in Unternehmen oder Teams zu Konflikten. Wird eine Veränderung von der Unternehmensführung oder Teamleitung ohne Systemcheck und Berücksichtigung der Beteiligten durchgeführt, so fühlen sich viele ausgeschlossen und die negativen Auswirkungen werden nicht aufgedeckt. Deshalb ist es wichtig, diese aufzudecken und zur Konfliktlösung zu nutzen. Und die Führungskräfte lernen zur Konfliktvermeidung, diese Fragen zu stellen und den Systemcheck mit den Beteiligten zu erarbeiten.

**Systemcheck zur Konfliktvermeidung**
Im Changemanagement, beim Verkauf, in Präsentationen oder wenn Ziele umgesetzt werden sollen, werden in den meisten Fällen die Nachteile der Gegenwart beschrieben, um dadurch eine Weg-von-Motivation wie Unsicherheit, Verlust, Angst usw. zu erzeugen. Und es werden die Vorteile der Veränderung als Hin-zu-Motivation dargestellt. Das reicht nach Meinung vieler Führungskräfte aus, um die Mitarbeiter genügend zu motivieren, was jedoch nicht der Fall ist. Es ist schon besser, als nichts zu sagen und etwas einfach durchzuziehen. Trotzdem führt dieses Vorgehen zu Systemgesetzverletzungen.

**Beispiel 1 Versicherung:** Sie haben keine Versicherung. Wenn etwas passiert, sind Sie nicht abgesichert. Sie müssten alles selbst bezahlen. Das könnte Sie ruinieren. Wenn Sie bei uns versichert sind, dann können Sie sich zurücklehnen, sich sicher fühlen und das Leben genießen.

**Beispiel 2 EDV-Umstellung:** Die alte EDV ist zu unsicher und zu teuer. Wir haben zu viele Schnittstellen. Keiner hat wirklich einen Überblick über die Zahlen und Prozesse. Deshalb gehen viele Informationen verloren. Wir können unsere Kunden nicht zeitnah bedienen usw.
Die neue EDV gibt uns ganz schnell einen Überblick. Auf Knopfdruck können alle relevanten Daten abgelesen werden. Die Kunden können zeitnah Service erfahren und sind zufriedener. Unsere strategische Ausrichtung lässt sich dadurch einfacher steuern. Und wichtig, es wird alles billiger durch die neue EDV.

***Kennen Sie solche Aussagen?***
***Wie geht es Ihnen damit?***
***Und was fehlt?***

### Klassische Veränderungen

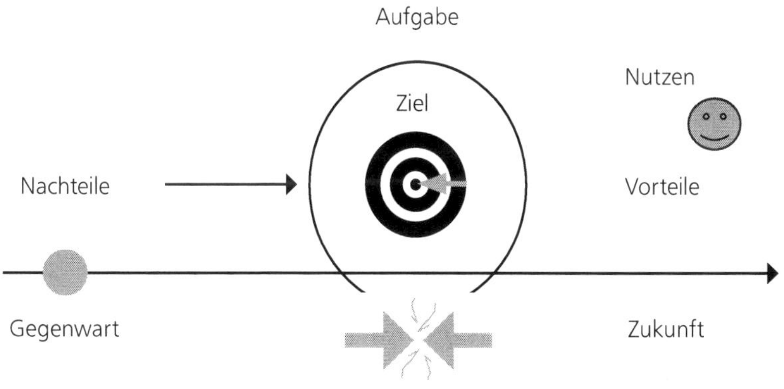


Oft werden bei Veränderungen nur die Nachteile aus der Gegenwart und die Vorteile der Veränderung dargestellt. Jede Veränderung oder jedes Ziel hat jedoch auch Nachteile bzw. Risiken bei der Zielrichtung, die oft nur ungerne abgefragt werden, da es dann zur klassischen Preisfrage kommt. Die Praxis zeigt, dass eine Veränderung oder Zielerreichung auch Nachteile, Risiken oder negative Konsequenzen hat. Deshalb ist es wichtig, diese aufzudecken.

***Welche negativen Auswirkungen/Nachteile/Risiken können sich ergeben, wenn das Ziel erreicht ist?***

Oft wird das nicht gemacht, da die Nachteile der Zielerreichung ja die Hin-zu-Motivation abschwächen bzw. die Waage zwischen den Vorteilen und den Nachteilen vielleicht auch negativ ausschlagen lässt. Davor haben viele Angst.
Am Beispiel EDV wird dieses deutlich: Die EDV-Mitarbeiter haben das Fachwissen. Sie kennen normalerweise auch die negativen Auswirkungen der Zielerreichung. Wird nicht von der Führung aktiv nach deren Wissen über die Risiken gefragt, so fühlen sie sich schlecht. Einige werden sich zu den Nachteilen äußern. Oft werden sie dann als Nörgler, Besserwisser oder die, die gegen Neuerungen sind, abgestempelt.

**Der Preis der Preisfrage**

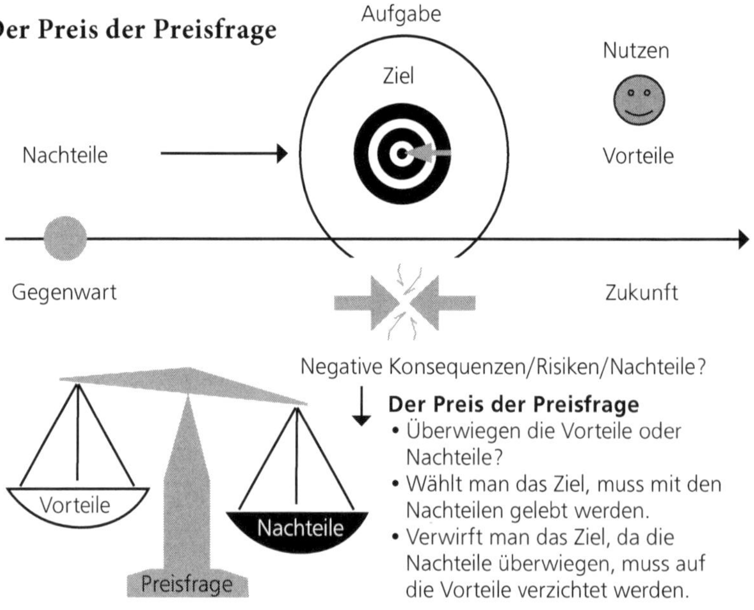

**Der Preis der Preisfrage**
Sind die Risiken aufgedeckt, so wird die Preisfrage gestellt. Ist das Ziel und deren Vorteile wichtiger, so muss mit den Nachteilen und Risiken gelebt werden (da nützt eine Risikoanalyse auch nicht wirklich). Überwiegen die Nachteile und Risiken und das Ziel wird verworfen, so muss auf die Vorteile des Zieles verzichtet werden und es muss mit den Nachteilen der Gegenwart gelebt werden. Egal, wie die Preisfrage ausgeht, es muss immer ein Preis (der weh tut) bezahlt werden. ***Wie lässt sich die Preisfrage nun umgehen?***

Hierzu sind drei Fragen und die dazugehörigen Antworten nötig. Die erste Frage fragt nach den Vorteilen der Gegenwart. In der Gegenwart wird es nicht nur Nachteile geben, sondern auch Vorteile, die erhalten bleiben sollten.

## Veränderungen ohne Preisfrage

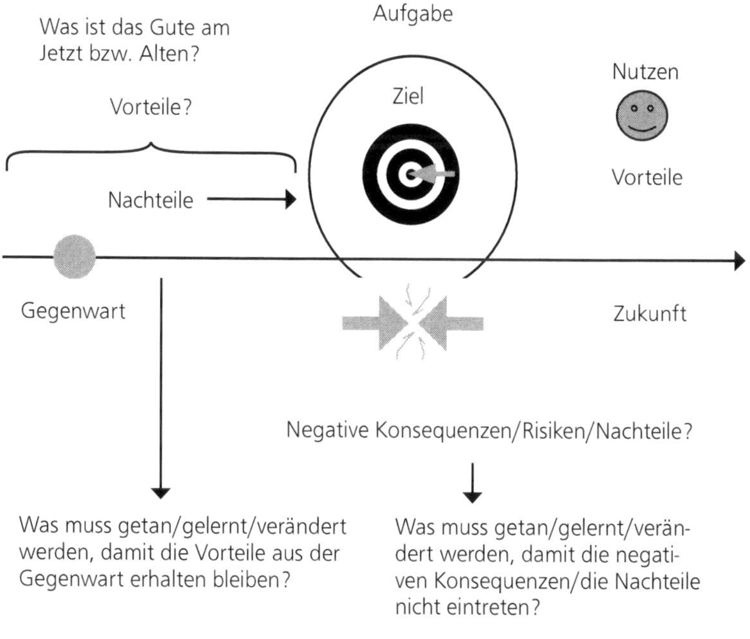

Die erste Frage: ***Was ist das Gute am Jetzt? Welche Vorteile gibt es in der Gegenwart?***
Die zweite Frage ist: ***Was muss getan/gelernt/verändert werden, damit die Vorteile aus der Gegenwart erhalten bleiben?***
Die dritte Frage bezieht sich auf die Risiken und Nachteile der Zielerreichung. Sind diese aufgedeckt, so gilt es, dafür Lösungen zu finden. ***Was muss getan/gelernt/verändert werden, damit die negativen Konsequenzen/die Nachteile/die Risiken nicht eintreten?***
Die Erfahrung zeigt, dass es immer Antworten für die letzte Frage gibt. Die ersten Antworten sind vielleicht noch oberflächlich, je mehr Zeit dafür genommen wird, desto wertvoller werden die Antworten.
Werden diese Antworten umgesetzt, so erübrigt sich die Preisfrage und das Ziel kann umso besser erreicht werden. Einige Antworten können auch in das Ziel einfließen, so dass es abgewandelt wird und der Weg zum Ziel sich verändert.

**Beispiel EDV:** Die EDV-Mitarbeiter haben die Risiken beschrieben und mögliche Lösungen aufgezeigt, so dass die Nachteile nicht eintreten. Genauso wurden Sie zu den Vorteilen der Gegenwart bzw. den Vorteilen der alten EDV befragt und diese werden im Change berücksichtigt, so kann eine Veränderung gelingen.

**Systemgesetze beachten**
Neben den wichtigen Informationen und Lösungen, die aus dem System wie Mitarbeiter kommen, passiert durch dieses Vorgehen noch etwas sehr Entscheidendes: Die Systemgesetze, die ja die Basis einer jeden Veränderung sind, werden hierdurch implizit eingehalten.

**Beispiel EDV:** Wird nach den Vorteilen der Gegenwart gefragt, so fühlen sich die Mitarbeiter zugehörig und anerkannt. Genauso werden das Frühere und deren Kompetenz anerkannt. Wird nach den Nachteilen der Zielerreichung gefragt und was getan werden kann, damit sie nicht eintreten, geschieht das Gleiche.

Umgekehrt bedeutet das, wenn nicht nach den Vorteilen des Früheren und den Nachteilen der Veränderung gefragt wird, so kommt es zu Systemgesetzverletzungen, nämlich Ausschluss, fehlende Anerkennung, fehlende Anerkennung des Früheren und der Kompetenz. Diese Systemgesetzverletzungen führen oft dazu, dass eine Zielerreichung boykottiert wird (Ausschluss gegen Ausschluss).

Damit das nicht passiert, verwenden Sie alle Fragen.

## Berücksichtigung der Systemgesetze bei Veränderungen

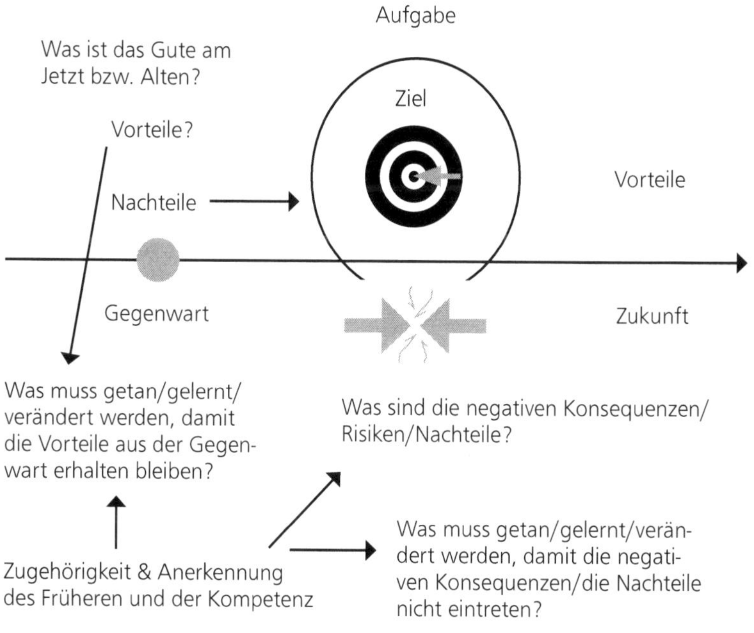


## Sitzordnung und Systemgesetze

Wenn ein System in Ordnung ist, und die Systemgesetze eingehalten werden und die offizielle mit der inoffiziellen Hierarchie oder Ordnung übereinstimmt, so fühlen sich nach meiner Erfahrung alle Beteiligten am besten, wenn folgende Sitzordnung eingenommen wird:

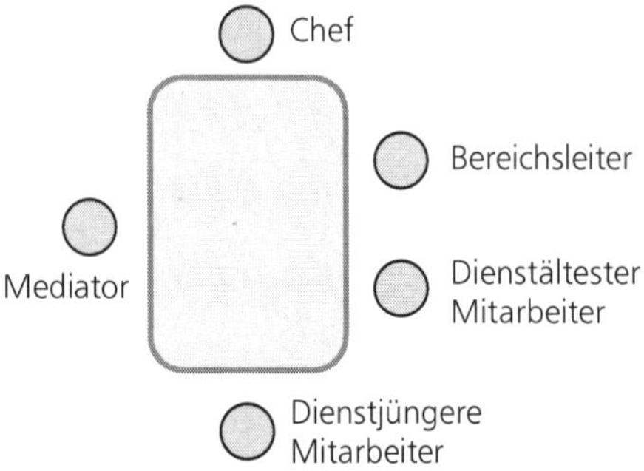


Nach dem Uhrzeigersinn sitzt der Chef bzw. der Dienstälteste auf 12 Uhr, der zweite Chef bzw. der Zweitdienstälteste auf ein Uhr und so fort. Der Mitarbeiter, der als Letzter ins System gekommen ist, sitzt auf dem letzten Platz (in der Abbildung auf sechs Uhr). Ein Kunde bzw. Mediator besetzt den freien Platz danach. Neben dem Chef muss auf der rechten Seite ein Platz frei bleiben, damit er sich wohl fühlt.

Wieso sich die Menschen mit dieser Sitzordnung am wohlsten fühlen, ist nicht bekannt. Sie zeigt sich aber immer wieder. Meine Erklärung dafür ist, dass der Chef wie in früheren Zeiten rechts Platz braucht, damit er notfalls mit der rechten Hand sein Schwert ziehen/bewegen kann. Diese Sitzordnung gilt auch für Familien: der Vater sitzt auf 12 Uhr, die Mutter auf 1 Uhr, das älteste Kind auf 2 Uhr und so weiter. Wird die »normale« Sitzordnung nicht eingehalten, so können verschiedene Gründe dafür vorliegen.

**Äußere Gründe:** Wird diese »normale« Sitzordnung aus äußeren Gründen, beispielsweise aus Unwissenheit, aus räumlichen Gründen oder wegen Zuspätkommens nicht eingehalten, so fühlen sich die Beteiligten nicht wohl, und es kann zu Konflikten kommen, deren Ursache nichts mit der Sachebene zu tun haben.

**Innere Gründe:** Gibt es innerhalb des Systems Systemgesetzverletzungen oder gibt es eine Schattenhierarchie, so zeigt sich dieses normalerweise in der Sitzordnung.

Unbewusst setzen sich die Menschen so hin, dass die inoffizielle Ordnung abgebildet wird. Deshalb kann die Sitzordnung auch als Hinweis und Diagnose für Systemgesetzverletzungen bezogen auf die Ordnung zwischen den Systemgesetzen 4: »Früher hat Vorrang vor später«, 5: »Höhere Verantwortung hat Vorrang« und 6: »Höhere Kompetenz hat Vorrang« genutzt werden. Probieren Sie einmal eine Sitzordnung, die der Uhr entspricht: Wie fühlen Sie sich als Beteiligter?
Oder nutzen Sie es in der Mediation: Wie sitzen die Konfliktpartner in einer Mediation? Wo sitzt der Mediator sinnvollerweise? Und lassen Sie alle Konfliktpartner in der Mediation den »richtigen« Platz einnehmen.

**Systemische Mediation: Natürliche Sitzordnung beachten**
Achten Sie in der Mediation auf die natürliche Sitzordnung wie oben beschrieben.
*Wie sitzen die Konfliktpartner in einer Mediation?*
*Ist die oben beschriebene Ordnung eingehalten?*
Wenn nicht, lassen sich daraus evtl. vorhandene Systemgesetzverletzungen ableiten.
*Wo sitzt der Mediator sinnvollerweise?*

Die Auftragsklärung besteht also erstens darin, vom Auftraggeber einen konkreten Auftrag/Ziel zu erhalten, und zweitens zu klären, ob ich diesen Auftrag annehmen kann. Die zweite Auftragsklärung ist ein permanenter Prozess. Habe ich als Mediator noch den »Hut« auf? Setze ich mir den Hut auf? Habe ich vom Auftraggeber noch den Hut?

Hier nun ein möglicher **Ablauf einer Mediation** mit den entsprechenden Fragen zur Auftragsklärung. Ich habe hier die Mediation gewählt, da es einerseits dort viel eher ein Feedback von den Klienten gibt, ob der Coach die KDW-Fragen beantworten konnte und im Prozess ist oder ob er inhaltlich befangen ist, d.h. parteiisch ist oder es nicht weitergeht. Andererseits muss die Auftragsklärung nicht nur am Anfang einmal durchgeführt werden, sondern immer wieder während des Coaching- oder Mediationsprozesses überprüft werden (zumindest innerlich).

## System-Fragen-Katalog zur Auftragsklärung

| | Fragen | Systemische Fragen |
|---|---|---|
| 1. | **Auftrag klären**<br><br>• Kosten, Kostenanteile, Dauer<br>• Ablauf der Mediation<br><br>• Regeln | **Was ist das Ziel?**<br><br>Wer gehört dazu?<br>Wer ist der Initiator?<br><br>KDW-Fragen<br>• **K**ann ich das?<br>• **D**arf ich das?<br>• **W**ill ich das?<br><br>**Ökologiefragen stellen**<br>*Geht es mir als Mediator gut?*<br>*Was brauche ich, damit es mir gut geht?* |
| 2. | **Einen guten Kontakt zu den Parteien herstellen** | Sitzposition (symmetrisch?)<br>Sitzordnung (Uhrzeigersinn?)<br><br>Habe ich eine gute Resonanz zu den Parteien?<br>Sind mir die Parteien gleich sympathisch (notfalls Übertragungsspiel)?<br><br>Kann ich mit jedem dreimal lachen?<br>Symmetrie der Ansprache beachten! |
| 3. | **Der Mediator nennt seine Bedingungen** | Der Mediator sorgt für sich<br><br>• er kann jederzeit unterbrechen<br>• er kann ungewöhnliche Fragen stellen<br>• er gibt die Regeln vor |

| | Fragen | Systemische Fragen |
|---|---|---|
| 4. | **Prozessziel für die Sitzung erfragen** | *Was ist Ihr Prozessziel für die heutige Sitzung, Konfliktpartner A?*<br>*Was ist Ihr Prozessziel für die heutige Sitzung, Konfliktpartner B?*<br>*Was sollte am Ende der Sitzung gegeben sein?*<br>Ein Prozessziel ist meistens kein Ergebnisziel. Ein Ergebnisziel bezieht sich konkret auf eine Lösung. Beispiele dafür sind, wie die Verteilung der Ressourcen aussehen soll oder dass wieder Vertrauen aufgebaut wird.<br>Ein Prozessziel ist meistens viel ungenauer, beispielsweise geht es oft um Klarheit, wieso es zum Konflikt gekommen ist oder wieso überhaupt der eine Konfliktpartner mit am Tisch sitzt.<br>**–› Soweit möglich, ein gemeinsames Prozessziel herausarbeiten** |
| 5. | **Die drei Konfliktebenen und die Systemgesetze vorstellen, Systemogramm und Zeitursachendiagramm erarbeiten** | s.o. |
| 6. | **Systemgesetzverletzungen auflösen** | s.o. |
| 7. | **Empowering – Das Neue bis zur Gegenwart bringen** | s.o. |
| 8. | **Überprüfung der Entscheidungs- und Verhandlungskompetenz – Vertikalcheck** | Gibt es andere, die von den Entscheidungen betroffen sind oder Einfluss nehmen können?<br>Sind beide Seiten autorisiert dazu, Entscheidungen zu treffen?<br>Wem gegenüber müssen Sie ihre Entscheidung verantworten? (Vorstand, Partner, Eltern etc.) |

| | Fragen | Systemische Fragen |
|---|---|---|
| 9. | **Stabilitätscheck für die Entscheidungen – Lateralcheck** | Wie unabhängig sind die Entscheidungen vom augenblicklichen Rahmen? (»Verkauf von Lösungen«, Suggestionen, etc.)<br>Wie stabil sind mögliche Lösungen unabhängig von dem geschützten Rahmen der Mediation?<br>–› Zukunftscheck (Erleben der gewünschten Zukunft ) |
| 10. | **Vereinbarungen und Aktionsplan** | Konkrete, realistische, rechtlich einwandfreie Vereinbarungen schließen und Aktionsplan erstellen |

Der CoachMediator ist einerseits Chef für den Prozessverlauf und setzt den Rahmen, in dem die Parteien gut arbeiten können! Andererseits ist der CoachMediator neutral den Inhalten gegenüber!
Der Mediator hält sich mit Lösungen zurück und springt nicht sofort auf jedes Lösungsangebot der Klienten an, denn es kann sich auch um ein Ausweichmanöver handeln. Entweder von den Klienten, dann ist eine Ökologiefrage angebracht und die Frage, ob der CoachMediator noch einen Auftrag von den Klienten hat. Oder es ist ein Ausweichmanöver vom CoachMediator, der mit dem Konfliktthema selbst nicht gut umgehen kann und somit inhaltlich befangen ist.

Die Auftragsklärung besteht nicht nur darin, am Anfang einen Auftrag mit einem Ziel zu erhalten, sondern permanent zu überprüfen, ob der CoachMediator noch den Auftrag, also den Hut für den Prozess auf-, hat. Deshalb gilt es, kontinuierlich sich zu hinterfragen und die KDW- und Ökologie-Fragen zu beantworten. Und es ist hilfreich, aus der obigen Liste den Punkt 8 »Überprüfung der Entscheidungs- und Verhandlungskompetenz-Check« und den Punk 9

»Stabilitätscheck für die Entscheidungen« im Kopf zu haben und dazu den Beteiligten die Fragen zu stellen. Hier nun ein paar selbsterlebte Beispiele aus meiner langjährigen Praxis, bei denen ich diese Fragen nicht berücksichtigt hatte. Als Metapher ausgedrückt, wurde der schöne sonnige Tag durch ein Gewitter getrübt.

## Gewitterwolken-Check

### Sonnenscheineffekt

**Beispiel:**

1. Sitzung der Mediation: Die Mediation zwischen A und B läuft gut – der Mediator freut sich auch und wird unvorsichtig!
A stimmt in der guten Stimmung zu etwas zu. Kein klares Ja! Hauptsache gute Stimmung!
2. Sitzung: A zieht ihre Zustimmung zurück, außerdem fühlt sie sich vom Mediator übergangen usw. – Schlechte Stimmung.

**Wie lässt sich dem Sonnenscheineffekt vorbeugen?**

Siehe System-Fragen-Katalog 9: **Stabilitätscheck**

*Wie unabhängig sind die Entscheidungen vom augenblicklichen Rahmen (Verkauf von Lösungen, Suggestionen etc.)?*

*Wie stabil sind mögliche Lösungen unabhängig von dem geschützten Rahmen der Mediation?*

In die Zukunft beamen: *Stellen Sie sich vor, Sie gehen mit dieser Lösung nach Hause, zu Freunden, Kritikern, Anwälte (was Ihnen schlimmstenfalls einfällt – Gewitterwolke) und Sie haben nicht mehr den Mediator dabei, der die gute Stimmung aufrechterhält, was ist dann? Wie geht es Ihnen dann (im gewöhnlichen Alltag)?*

### Beeinflussungseffekt

**Beispiel 1:** 1. Sitzung der Mediation: Die Mediation zwischen A und B läuft gut. Zwischen der ersten und zweiten Sitzung geht B zu seinem Anwalt: Der Anwalt sagt: Du bist im Recht!!!
2. Sitzung: B fühlt sich im Recht – Schlechte Stimmung.

**Beispiel 2:** 1. Sitzung der Mediation: Die Mediation zwischen A und B läuft gut. Sie haben ein gemeinsames Kind und A ging fremd. Zwischen der ersten und zweiten Sitzung besucht B seine Eltern: Mutter sagt: Schieß A in den Wind!
2. Sitzung: B verhält sich entsprechend – Schlechte Stimmung.

**Wie lässt sich dem Beeinflussungseffekt vorbeugen?**
Siehe System-Fragen-Katalog 8: **Entscheidungskompetenzscheck**
*Gibt es andere, die Einfluss haben?*
In die Zukunft beamen: *Stellen Sie sich vor, Sie gehen mit dieser Lösung nach Hause, zu Freunden, Kritikern, Anwälte (was Ihnen schlimmstenfalls einfällt) und die sagen: Du hast Recht! Auf so etwas lässt du dich ein? – (auch hier: was Ihnen schlimmstenfalls einfällt) Was ist dann? Wird so eine Äußerung Sie beeinflussen? Und wie? Stehen Sie zur Mediation?*

**Vergiftete Karte-Effekt**
**Beispiel 1:** 1. Sitzung der Mediation: Die Mediation zwischen GF und C läuft gut. Der stellv. GF ist nicht dabei (wurde gerade befördert – will nicht dabei sein – euer Konflikt).
Zwischen der ersten und zweiten Sitzung zieht der stellv. GF seine vergiftete Karte und eskaliert damit den Konflikt, da er an keiner Konfliktlösung zwischen GF und C interessiert ist, sondern sich Vorteile aus dem aktuellen Konflikt verspricht.
2. Sitzung: Schlechte Stimmung.

**Beispiel 2:** 1. Sitzung der Mediation: Die Mediation zwischen A und B läuft gut. C, beispielsweise der Chef oder der Auftraggeber will dabei sein. A u. B wollen das aber nicht!
Zwischen der ersten und zweiten Sitzung zieht der ausgeschlossene C seine vergiftete Karte und eskaliert damit den Konflikt.
2. Sitzung: Schlechte Stimmung.

**Wie lässt sich dem vergiftete Karte-Effekt vorbeugen?**
Siehe System-Fragen-Katalog 8: **Entscheidungskompetenzscheck**

*Wen müssen wir noch berücksichtigen? Wer will/will nicht dabei sein? Wer kann das Ergebnis im Nachhinein noch negativ beeinflussen? Und wie? Wer kann etwas gegen eine Lösung haben? Wofür war der Konflikt gut?*

**Verhandlungskompetenz-Effekt**
**Beispiel:** 1. Sitzung der Mediation: Die Mediation zwischen dem Geschäftsführer GF und dem Betriebsratsvorsitzenden BR läuft gut. GF u. BR entscheiden über Finanzen, beispielsweise wie ein Überschuss an die Mitarbeiter verteilt werden soll.
Der GF ist seinem Vorstand verantwortlich, der BR den Mitarbeitern oder seiner Gewerkschaft. Sind diese mit der Entscheidung unzufrieden, so wirkt sich dieses negativ aus.
2. Sitzung: Schlechte Stimmung.

**Wie lässt sich dem Verhandlungskompetenz-Effekt vorbeugen?**
S. System-Fragen-Katalog 8: **Entscheidungskompetenzscheck**
*Sind Sie beide autorisiert, hier Entscheidungen zu fällen?*
*Wem gegenüber müssen Sie Ihre mögliche Entscheidung verantworten? (Vorstand, Controller, Mitarbeiter, Partner, Anwalt, Eltern, Familie usw.) Wer wird von dieser Entscheidung/dem Ziel betroffen sein? Von wem hängen Erfolg oder Misserfolg der Umsetzung entscheidend ab? Was sind die Bedürfnisse und Interessen der Betreffenden? Wann und wo würden Sie die Umsetzung dieses Ziels nicht wünschen?*

**Mir geht es nicht gut-Effekt**
**Beispiel:** 1. Sitzung der Mediation: Mediation zwischen A und B läuft gut. A ist der Auftraggeber, der dem Mediator große weitere Aufträge in Aussicht stellt, wenn die Mediation gut ausgeht.
2. Sitzung: Schlechte Stimmung in der Mediation, da der Mediator inhaltlich befangen ist (der Mediator steht unter innerem Druck, gut sein zu müssen.)

**Wie lässt sich dem Mir geht es nicht gut-Effekt vorbeugen?**
Siehe System-Fragen-Katalog 1: **Ökologie- und KDW-Fragen**

*Kann ich das? Habe ich die ausreichenden Fähigkeiten/Kompetenzen usw.? Darf ich das? Gebe ich mir selbst die Erlaubnis (nicht nur kognitiv, sondern auch vom Gefühl/Intuition aus)? Ist es stimmig oder unstimmig? Will ich das? Habe ich Lust dazu? Passt es in meine Zeitplanung? Ist es ein Konfliktthema, was ich selbst noch nicht vollständig verarbeitet habe? Mag ich die Konfliktpartner? ...*
*Wenn ich an Folgeaufträge denke, kann ich möglicherweise nicht ganz frei meine Kompetenzen einsetzen – Mut zum letzten Auftrag? Ich gebe jetzt mein Bestes, entweder es geht danach weiter oder nicht!*

Eine Grundvoraussetzung für die systemische Mediation, also zur Auflösung von Systemgesetzverletzungen ist der Zustand der Beteiligten: Es war mal gut oder neutral. *Wie war es beim Kennenlernen? Was ist, wenn es beim ersten Kontakt schon nicht gut war? Was lässt sich dann machen? Wie kann die Voraussetzung dennoch erreicht werden?* Oft wird dazu die Mediation unterbrochen und im Einzelcoaching werden die Ursachen aufgedeckt und aufgelöst.

# KAPITEL 4: COACHING IN DER SYSTEMISCHEN MEDIATION

Coaching wird in der systemischen Mediation genutzt zur:

- Herstellung der beiden Voraussetzungen »Es war mal gut/neutral« und »Beide sind ausgeglichen kraftvoll genug zum Zeitpunkt der ersten Verletzung« bei den Konfliktparteien – Führungskräfte-Coaching
- Persönlichkeitsentwicklung des CoachMediators

Sind die beiden Voraussetzungen »Es war mal gut/neutral für beide« oder »Beide sind ausgeglichen kraftvoll genug zum Zeitpunkt der ersten Verletzung« nicht genügend vorhanden, so wird an dieser Stelle die Mediation unterbrochen. Im Coaching in einer Einzelarbeit wird daran gearbeitet, die Voraussetzungen herzustellen.

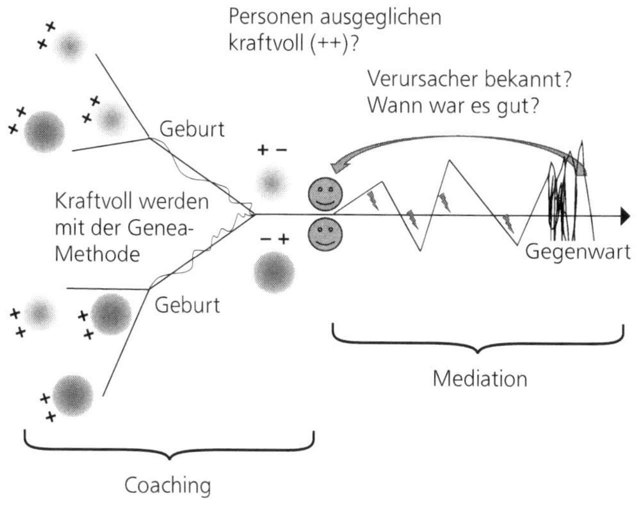

Die im Kapitel »Gründe dafür, dass die Voraussetzung: Es war mal gut/neutral nicht erfüllt ist« behandelten Punkte werden oft im Coaching bearbeitet, sie werden ausführlich im nächsten Kapitel beschrieben.

## Coaching, um die Voraussetzung »Ausgeglichen kraftvoll genug« herstellen zu können – Genea- und Empowering-Methode

Wird in einer systemischen Mediation festgestellt, dass die Voraussetzung »Ausgeglichen kraftvoll/stark genug ++« nicht gegeben ist, so würde an dieser Stelle die Mediation enden. Damit das jedoch nicht geschieht, stelle ich im Überblick das von mir entwickelte Vorgehen vor, damit der Konfliktpartner stark genug wird. Ausführlich wird das Vorgehen und die Methoden in meinem Buch »Persönlichkeitsentwicklung mit System« beschrieben.
Systemgesetzverletzungen bei unseren Ahnen – oft Kriegserlebnisse der Vorfahren – können dazu führen, dass der Konfliktpartner nicht stark genug ist. Lassen sich diese Systemgesetzverletzungen auflösen, so gelangt die Person zu mehr Stärke und Kraft.
Durch die **Genea-Methode** wird das Vorgehen zum Auflösen von Systemgesetzverletzungen auf die Vorfahren ausgedehnt. Selbst wenn die Vorfahren wie Großeltern oder Urgroßeltern nicht mehr leben, lassen sich die Auswirkungen der Systemgesetzverletzungen, die die Vorfahren erlebt haben, auflösen.
Das Vorgehen mit den fünf Voraussetzungen, welches weiter vorne ausführlich erklärt wurde, wird auf die Zeitlinie der Ahnen übertragen. Dann ist es möglich, dass der Verursacher das Leid sieht und die Wut nimmt, wodurch die Systemgesetzverletzung aufgehoben und die Auswirkungen auf die nachfolgenden Generationen aufgelöst werden können.
Wenn beispielsweise ein Vorfahre Angst erlebt hat, verhungern zu müssen, und diese Angst nicht bearbeitet hat, so kann sie unbewusst von einem Nachfahren übernommen werden. Dazu ist es nicht mal

nötig, dass der Nachfahre diese Angst beim Vorfahren erlebt hat, es also keine Prägung oder Lernen gab. Diese Existenzangst kann sich darin ausdrücken, dass der Nachfahre Übergewicht hat (auf Vorrat essen, es könnte ja wieder eine Hungersnot geben), eine Sucht oder wenig Selbstvertrauen hat. Solche Themen lassen sich nicht mit Methoden bearbeiten, die nur die persönliche Lebensgeschichte von der Geburt bis zur Gegenwart betrachten. Denn im Beispiel von oben gibt es kein prägendes Erlebnis in der Lebensgeschichte des Klienten, sondern bei dessen Vorfahren.

Viele Coaching- oder Therapierichtungen arbeiten erfahrungsgemäß lediglich mit der eigenen Lebensgeschichte des Klienten und beziehen die Vorfahren nicht oder nicht ausreichend mit ein. Das führt dazu, dass zwar Themen oder Probleme aufgedeckt werden, die Ursachen dafür jedoch bei den Ahnen liegen und dadurch die Themen nicht aufgelöst werden können. Es bleibt dann dem Klienten nur die Möglichkeit, mit der Erkenntnis der Themen zu leben und zu lernen, damit umzugehen. Im Beispiel von oben z. B. auf seine Ernährung zu achten und Kalorientabellen zu führen.

Mir ging und geht es immer darum, Wirkung zu erzielen, d. h. die Ursachen zu finden und zu bearbeiten, wodurch die Themen sich auflösen.

Ich habe Methoden und Ansätze wie NLP, Timeline, TA, TZI, EMDR, Wingwave, Buddhismus, Zen, Kinesiologie, Aufstellungen, Yoga, Psychodrama, Gestalttherapie, Systemik (Selbstorganisation und Chaostheorie) und Quantenphysik kennen- und gelernt und daraus für mich die wirkungsvollsten Dinge extrahiert. Damit habe ich durch ständiges Anwenden und Ausprobieren im Coaching/Mediation bei Klienten und bei mir selbst die Genea- und die Empowering-Methode entwickelt.

In meinem Buch »Persönlichkeitsentwicklung mit System« wird ausführlich die Genea- und Empowering-Methode vorgestellt.

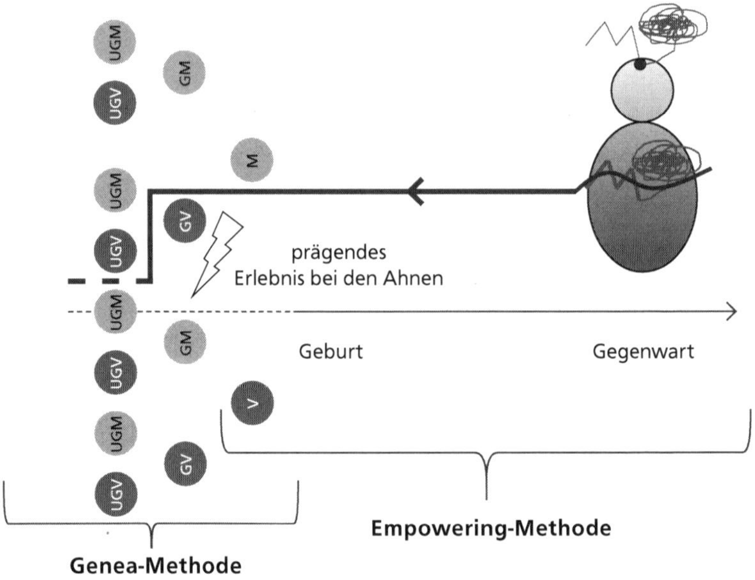


**Genea-Methode bedeutet: Systemgesetzverletzungen bei den Ahnen auflösen, damit die Kräfte und Lebensenergien wieder voll und ganz fließen können.**

**Empowering-Methode bedeutet: Befähigung und Stärkung der eigenen Lebensgeschichte und das Leben im Hier und Jetzt mit den Kräften der Ahnen.**

Die Genea-Methode löst Themen bei den früheren Generationen auf und die Empowering-Methode befähigt, stärkt und prägt das eigene erlebte Leben neu. Durch die Stärkung der Vorfahren lassen sich viele selbsterzeugte oder selbsterlebte Systemgesetzverletzungen im Privat- wie im Berufsleben auflösen. Ebenfalls werden dadurch neue Fähigkeiten, Verhaltensweisen, Überzeugungen, der Lebenssinn oder die Vision zugänglich gemacht oder werden neu gelernt.
Damit Systemgesetzverletzungen aufgelöst werden können oder das fünfte Systemgesetz »Höhere Verantwortung/höherer Einsatz hat Vorrang« gelebt werden kann, muss die Person ausgeglichen kraft-

voll sein. D. h. die Führungskraft oder das Elternteil, welches Verantwortung übernehmen soll, muss auch Führungskraft oder Vater bzw. Mutter sein.

## Führungskräfte-Coaching kann zur Mediation führen

Nicht jede systemische Mediation beginnt damit, dass es Konfliktparteien gibt, die einen Konflikt lösen wollen. Es kommt oft vor, dass ein Coaching für eine Führungskraft diese so stärkt und entwickelt, dass die Führungskraft erkennt, an welcher Stelle sie Systemgesetzverletzungen erzeugt hat bzw. sich verletzen ließ. Diese werden dann in einer systemischen Mediation wie oben beschrieben aufgelöst.

**Beispiel:** Eine Führungskraft hatte Schwierigkeiten, zu delegieren, und mit ihrem Zeitmanagement. Ursache dafür war ihr Perfektionismus, da sie lieber alles selbst machte (die Mitarbeiter erfüllten ihre Ansprüche nicht) und sie dadurch zu viel zu tun hatte. Dieses führte auch zu Konflikten mit den Mitarbeitern.
Im Coaching stellte sich heraus, dass sie als Kind mit einer Note sechs nach Hause kam und dort gewaltigen Ärger mit ihren Eltern bekam. Bei ihr entstand die Angst, dass sie die Liebe und Anerkennung, vielleicht sogar die Zugehörigkeit zu ihren Eltern verlieren könnte, wenn sie noch einmal eine schlechte Note mit nach Hause brächte. Damit das nicht passiert, wurde diese Angstenergie in den Anspruch »perfekt sein müssen« umgewandelt.
Diese Prägung hat der Klient dann mit Hilfe der Empowering-Methode/Neuprägung verändert. D. h. er konnte sich innerlich vorstellen, dass seine Eltern eine gute Absicht hatten und der Ärger dazu dienen sollte, dass er fleißiger wird. Deren Absicht war es nicht, dass er Angst bekommt und daraus seinen Anspruch »perfekt sein müssen« ableitet. Dann konnte er sich vorstellen, dass seine Eltern im Rahmen ihrer guten Absicht sich anders verhalten (liebevoll konsequent), so dass er keine Angst bekommt und dennoch etwas lernt.

(In diesem Beispiel sind seine Eltern ausgeglichen kraftvoll genug, so dass sie liebevoll konsequent sein können. Ist das nicht der Fall, sind die Eltern also kein Elternpaar oder sind sie zu hart oder zu weich, so wird der Klient hier kein stimmiges neues Verhalten sehen können. Dann ist an dieser Stelle die **Genea-Methode** anzuwenden. Diese Methode führt dazu, dass die Eltern in der inneren Vorstellung des Klienten ausgeglichen kraftvoll und ein Paar werden können. Danach wird mit der Empowering-Methode fortgefahren.)
Als er dieses neue ausgeglichen kraftvolle Verhalten seiner Eltern sehen konnte und für gut empfand, durchlebte er diese neue Situation zusammen mit ihnen, indem er wieder Kind wurde und seine Eltern anders reagierten. Entscheidend hierbei ist es, dass sich das Gefühl veränderte und sich die Angst auflöste. Dieses neue Gefühl der Stärke und Zugehörigkeit brachte er dann in die Gegenwart.
Dadurch löste sich das »Perfekt sein MÜSSEN« auf und der Klient hatte nun die freie Wahl, ob er perfekt/gut sein WOLLTE oder auch nicht.
Die Folge daraus war, dass er besser delegieren konnte, seinen Mitarbeitern mehr zutraute und selber mehr Zeit bekam für strategische Fragestellungen. Auch konnten durch seine neuen Verhaltensmöglichkeiten die Konflikte mit seinen Mitarbeitern aufgelöst werden. Einerseits, weil er deren Verletzungen nun sehen konnte (Leid sehen, Wut nehmen) und andererseits, weil er sich nun anders verhielt.

## Auflösen von Systemgesetzverletzungen nach der Genea-Methode

War die Ursache für die erste Verletzung, dass der eine Konfliktpartner nicht ausgeglichen kraftvoll genug war, so wird ein Schritt davor angesetzt, d. h. die Genea-Methode wird angewendet, damit der Konfliktpartner ausgeglichen kraftvoll wird. Wäre der Konfliktauslöser ausgeglichen kraftvoll genug gewesen, so wäre höchstwahrscheinlich die erste Verletzung nicht passiert. Mit der Genea-Methode werden die Kräfte aktiviert ++ und dann wird die

Empowering-Methode angewendet, damit der Konfliktauslöser seine neuen Kräfte und seine neuen Fähigkeiten und Verhaltensweisen in seiner Lebensgeschichte erlebt.
Oft kommen dann Aussagen wie: »Ich hätte viel früher Grenzen gesetzt. Da ich nicht stark genug war, hatte ich zu lange gewartet und dann habe ich zum Schluss die Keule herausgeholt. Das hat den anderen natürlich verletzt. Dazu wäre es im Neuen mit den Kräften nicht gekommen.« Die Verursacher der ersten Verletzung sind dann einerseits der Konfliktauslöser und andererseits die Vorfahren, die nicht ausgeglichen kraftvoll genug waren.
Dieses Leid muss dann innerlich von den Vorfahren und den Verursachern gesehen werden und die Wut dafür genommen werden. Dann lässt sich ein Teil der Wut des Klienten auf den Konfliktpartner in Richtung auf seine eigenen Vorfahren umlenken. Oft ist es dann möglich, dass der Konfliktpartner, wenn er nicht mehr alle Wut abbekommt bzw. für alles verantwortlich gemacht wird, stärker wird und das Leid sehen und seinen Anteil der Wut nehmen kann.

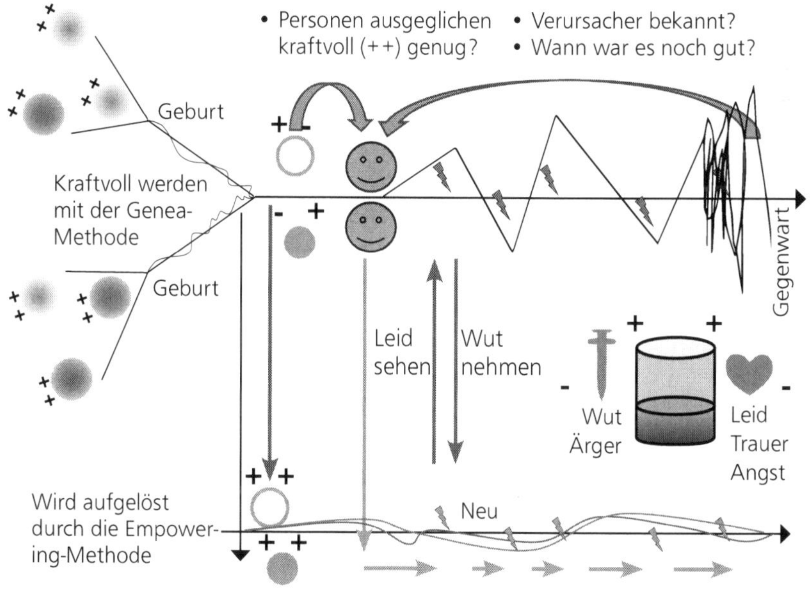

**Die Fragen sind dann an die beiden Konfliktpartner:**
1. *Wie ist es (wäre es) mit den Kräften der Ahnen ++ anders? Bitte hineinspüren, neu erleben und dann dem Partner erzählen.*

2. Taucht zeitlich die erste Systemgesetzverletzung auf, so sollen beide das Neue erleben. Wahrscheinlich wäre die Verletzung mit den Kräften nicht so gewesen.

3. Welches verletzte Gefühl ist entstanden? A spricht seine Verletzung aus: »Ich fühle einen Kloß im Hals, Bauchweh, Herzschmerzen...«
CoachMediator an B: »*War es deine Absicht, dass die Gefühle bei A ... entstehen?*«
B normalerweise: »Nein, es war nicht meine Absicht! Es tut mir leid!« CoachMediator an A: »*Ist es angekommen?*« A sagt: »Ja!« Wird dieses Vorgehen ohne realen Konfliktpartner, also nur innerlich durchgeführt, so erkennt die Person trotzdem, ob es die andere Person ehrlich meint. Die Verletzung löst sich dann auch auf.

4. Evtl. vorhandene Wut oder Trauer oder andere Lasten von A für die erste Verletzung herauslassen und B nimmt sie. B behält seinen Anteil der Wut und den Rest lässt er innerlich von seinen mitverantwortlichen Ahnen nehmen.

5. Jetzt noch einmal das Neue erleben (die Situation noch einmal assoziiert ansehen und die veränderten Gefühle und Worte wahrnehmen, hören, spüren), d. h. die Verletzung hat sich aufgelöst!

6. Zur nächsten Situation gehen und aufarbeiten (Schritte 2–6)

7. Wenn in der Gegenwart angekommen, bitte noch Schritte in die Zukunft gehen lassen.

Treten Systemgesetzverletzungen auf, so wird auch die Interpretation, wie der Verletzte den Verursacher sieht, mit verändert. Deshalb ist es wichtig, auch diese Interpretationen mit den neuen Kräften und den aufgelösten Systemgesetzverletzungen zu aktualisieren.

## Coaching für die Persönlichkeitsentwicklung des CoachMediators

Um als CoachMediator andere Menschen, Teams oder Unternehmen mit einer Mediation unterstützen zu können, muss der CoachMediator das nötige Handwerkszeug zur Verfügung haben. Außerdem gilt es, jederzeit eine Auftragsklärung mit den KDW-Fragen und dem Systemcheck (zumindest innerlich) durchzuführen. Gibt es ein Nein bei den Antworten für die Kann, Darf und Will ich das?-Fragen, so gilt es, diese im Coaching zu klären. Die weiter hinten beschriebenen Gründe, wieso es schon beim Kennenlernen nicht gut war, können natürlich auch auf den CoachMediator zutreffen.

**Beispiel für Persönlichkeitsentwicklung:** Ein Teilnehmer meiner CoachMediator Ausbildung musste von sich aus in der Mediation immer nett und freundlich sein und durfte nicht etwas lauter oder resoluter werden. Dieses Verhalten führte in der Mediation zu einem Prozessstillstand. Es war ein Schatten von ihm, der im Coaching aufgelöst wurde. Danach hatte er das Potenzial, auch etwas resoluter zu sein.
Eine ausführliche Beschreibung über Persönlichkeitsentwicklung, wie Schatten bearbeitet werden oder Systemgesetzverletzungen bei den Vorfahren, die in uns noch wirken, mit Hilfe der Genea-Methode aufgelöst werden, finden Sie in meinem Buch »Persönlichkeitsentwicklung mit System«.
Die Persönlichkeitsentwicklung steht in der Ausbildung zum CoachMediator an erster Stelle. Die Handlungskompetenz zu erhalten, andere mediieren und coachen zu können, ist die eine Seite der Medaille, die wichtigere, andere Seite ist die innere Haltung. Bin ich genügend weit persönlich entwickelt, damit es mir gut geht und ich Wirkung erzielen kann?

Der Prozess geht voran und dem CoachMediator geht es gut, wenn er im Prozess ist. Stockt der Prozess, so ist wahrscheinlich der CoachMediator inhaltlich befangen.

## Handwerkszeug: Prozesskompetenz – im Prozess oder inhaltlich befangen sein

Im Prozess sein heißt: im Hier und Jetzt – im Augenblick zu sein, ohne Gedanken an die Zukunft, Vergangenheit, eigene Probleme, Ziele usw.

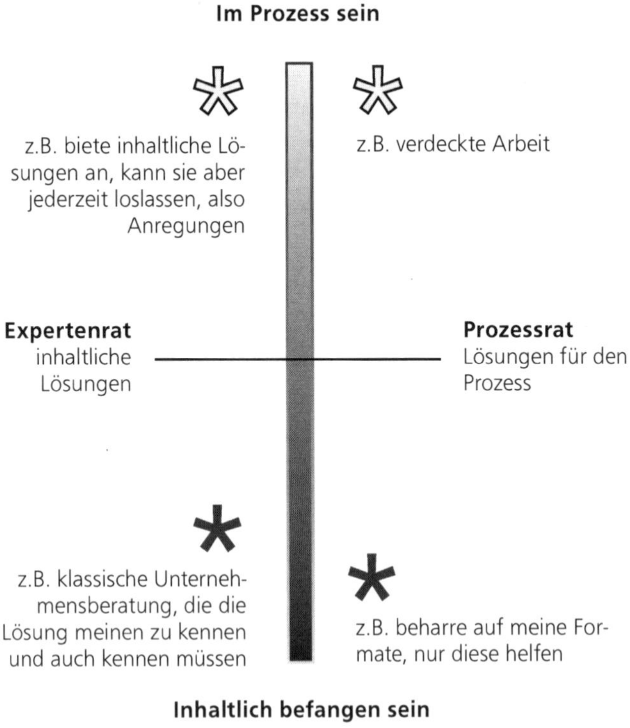

Die vertikale Ebene ist die Haltungsebene. Der CoachMediator kann sich frei auf der horizontalen Ebene bewegen. Er kann auch Expertenrat geben, solange er im Prozess ist (im hellen Bereich).
Der Prozessrat (Welches Format nehme ich?) kann ebenfalls zielführend oder blockierend sein. Auch hier hängt es von der inneren Haltung ab. Ist der Coach inhaltlich befangen, so führt selbst ein Prozessrat zum Stillstand des Prozesses.

**Inhaltlich befangen sein – sich nicht im Augenblick befinden**
Da jeder CoachMediator ein Teil des Systems ist, bleibt es nicht aus, dass er mal inhaltlich befangen wird. Jeder CoachMediator hat dieses Phänomen schon erlebt.
**Der Prozess geht nicht voran. Egal, was man sagt, die Haltung der Teilnehmer verändert sich nicht, die Bewegungen sind stereotypisch immer dieselben, also vorhersagbar.**

Das kann folgende Gründe haben:
- Der Teilnehmer erinnert den CoachMediator unbewusst an eine ihm bekannte Person
- Das inhaltliche Thema ist für den CoachMediator persönlich ein ungelöstes oder schwieriges Thema
- Der CoachMediator macht sich Gedanken über die zukünftigen Geschäftsbeziehungen zwischen dem Teilnehmer und sich selbst: Wenn es schnell eine Lösung gibt, verliert er einen Kunden?
- Der CoachMediator meint zu wissen, was für den Klienten gut ist, und versucht, ihn dort hinzubringen
- Der CoachMediator ergreift Partei (in Mediationen oder Teamcoaching)
- Der CoachMediator ist unter Zeitdruck
- Der CoachMediator ist nicht der Überzeugung, dass der Teilnehmer sich verändern kann und viele andere.

**Welche Gründe fallen Ihnen ein? Was haben Sie schon erlebt?**

In der CoachMediator-Ausbildung und in der permanenten Fortbildung geht es vornehmlich darum, sich persönlich so weiterzuentwickeln, um im Prozess sein zu können und zu bleiben. Je mehr eigene Themen und innere/äußere Konflikte integriert bzw. aufgelöst sind, desto einfacher ist es, dieses zu erreichen.
Wie oben ausgeführt, besteht die permanente Auftragsklärung darin, jederzeit zu überprüfen, ob der CoachMediator noch den »Hut« aufhat, d.h. im Prozess ist. Eigene Schatten, ungelöste persönliche Themen oder die im Kapitel 5 »Gründe dafür, dass die Voraussetzung: Es war mal gut/neutral nicht erfüllt ist« beschriebenen Ursachen können zur inhaltlichen Befangenheit führen. Diese gilt es schnell zu erkennen und die dahinterliegenden Themen abzuarbeiten.

**CoachMediator Ausbildungs-Spirale**

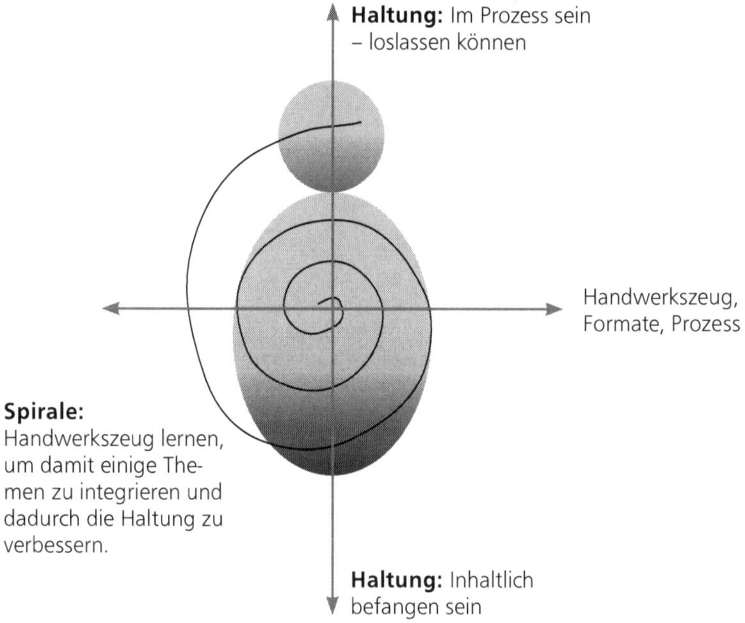

**Systemische Mediation: Coaching und Mediation wachsen zusammen**

In der systemischen Mediation wird einerseits Coaching gebraucht, wenn die nicht erfüllten Voraussetzungen »Es war mal gut« und »Beide ausgeglichen stark genug« hergestellt werden sollen. Andererseits wird Coaching zur Persönlichkeitsentwicklung, zur Auftragsklärung und zur Reflexion des CoachMediators benötigt. Außerdem kann ein Coaching für eine Führungskraft dazu führen, dass danach eine systemische Mediation durchgeführt wird. Deshalb habe ich den Begriff CoachMediator erfunden, um diese Integration von Coaching und systemischer Mediation deutlich zu machen.

Wie die obigen Beispiele gezeigt haben, kann ein Coaching nötig sein, um mit der Mediation fortfahren zu können. In der systemischen Mediation gehört Coaching als integraler Bestandteil dazu. Deshalb nenne ich den systemischen Mediator auch **CoachMediator.**

# KAPITEL 5: GRÜNDE DAFÜR, DASS DIE VORRAUSSETZUNG »ES WAR EINMAL GUT/NEUTRAL« NICHT ERFÜLLT IST

Es gibt Konflikte, bei denen es schon beim Kennenlernen der Konfliktpartner nicht gut war. In meiner Arbeit als CoachMediator sind verschiedene Ursachen dafür aufgetaucht, die im Überblick vorgestellt und dann ausführlich erklärt werden:

- **Verwechslung mit einer erinnerten Person**
- **Interpretationsschleife – »Brille«**
- **Spiegel: Schatten sehen – Ich darf nicht .../Ich muss ...**
- **Systemgesetzebene – vergifteter Platz**
- **Systemgesetzebene – nicht ausgeglichen stark genug (+-, -+ oder --)**
- **Systemgesetzebene – versehentliche Aufstellung**
- **Systemgesetzebene – Ausschluss und Vorurteil/»Brille«: Schon vorher etwas über die Person gehört haben**
- **Systemgesetzebene – vergifteter Auftrag ...**
- **Strukturen in Organisationen, die zu Systemgesetzverletzungen führen**

## Verwechslung mit einer erinnerten Person

Lernt man einen neuen Menschen kennen, so kommt es oft vor, dass dieser Mensch durch sein Aussehen, die Sprechweise, die Mimik oder Haltung eine Erinnerung an jemand anderen hervorruft. Diese Verwechslung erfolgt meistens unbewusst. Man sortiert die »neue« Person ein und kommuniziert so mit ihr, wie man es mit der »erinnerten« Person getan hat. Gab es mit der erinnerten Person Konflikte oder verletzte Gefühle, so werden diese übertragen auf die neue Person, weshalb das Gefühl bzw. Denken entsteht, es war mit dieser neuen Person von Anfang an nicht gut.

**Übung für Situationen, in denen eine neue Person kennen gelernt wird:**
1. Treffen Sie eine neue Person, so fragen Sie sich bitte: *An welche Person erinnert mich diese neue Person, mit wem hat sie Ähnlichkeit?*
2. Erinnern Sie sich an eine Person, so finden Sie mindestens eine positive Sache, die Sie der erinnerten Person zuschreiben können. Sind es mehrere positive Aspekte, umso besser.
3. Dann stellen Sie sich beide Personen innerlich nebeneinander vor und finden Sie einen Weg, wie Sie diese Personen auseinanderhalten können.

In der Mediation fragen wir dann, ob der Konfliktpartner eine Erinnerung oder Verwechslung hervorgerufen hat. Wenn ja, so wird die beschriebene Übung durchgeführt.

**Systemische Mediation: Vorgehen für Situationen, in denen eine neue Person verwechselt wurde (die Frage gilt für beide Konfliktpartner):**
*1. An wen hat Sie der jetzige Konfliktpartner erinnert?*
*2. Finden Sie mindestens eine positive Sache, die Sie der erinnerten Person zuschreiben können.*
*3. Dann stellen Sie die erinnerte Person jetzt innerlich neben den Konfliktpartner und finden Sie einen Weg, wie Sie diese Personen auseinanderhalten können. Was sind die Unterschiede?*
*4. Wenn Sie nun diese beiden Personen nicht mehr verwechseln, wie wäre dann Ihr erstes Kennenlernen gewesen? Was verändert sich? Könnte es dann gut gewesen sein?*

Neben dem Verwechseln gibt es noch weitere Ursachen dafür, dass es von Anfang an nicht gut ist/war. Dazu gehört die Interpretationsleiter, die als Modell unsere Prägungen, Überzeugungen und Wertevorstellungen beschreibt. Diese sogenannte »Brille« entscheidet auch darüber, ob die neu kennengelernte Person diesen Maßstäben entspricht oder nicht.

## Interpretationsschleife – »Brille«

Die Interpretationsschleife ist wie oben beschrieben ein Erklärungsmodell dafür, wie eine Kommunikation oft abläuft, und welche inneren Dynamiken und Rückkopplungsschleifen auftreten können. Die Überzeugungen, Schlussfolgerungen, Prägungen, Moral- und Kulturvorstellungen sowie die Interpretationen sind ein Grund dafür, ob beim ersten Kennenlernen das Gefühl entsteht, die Chemie stimmt oder eben nicht. Erfüllt die andere Person die Kriterien der Brille, so entsteht das Gefühl, es ist gut. Entspricht hingegen die Person nicht diesen inneren (oft unbewussten) Bewertungsmaßstäben, so ist dort schon der Ursprung für Konflikte gelegt.

**Systemische Mediation: Vorgehen für Situationen, in denen eine neue Person mit einer verurteilenden »Brille« betrachtet wurde (die Frage gilt für beide Konfliktpartner):**

1. *Welche Überzeugung oder Wertemaßstab hat der jetzige Konfliktpartner damals beim Kennenlernen bei Ihnen verletzt?*
2. *Welche »Brille« hatten Sie auf?*
3. *Wenn Sie nun Ihre alte »Brille« ablegen, wie wäre dann Ihr erstes Kennenlernen gewesen? Was verändert sich? Könnte es dann gut gewesen sein?*

Neben dem Verwechseln und der »Brille« gibt es noch weitere Ursachen dafür, dass es von Anfang an nicht gut ist/war. Dazu gehören die oft unbewussten Überzeugungen und Verbote, die als **Schatten** bezeichnet werden. Werden diese Schatten vom gegenüber gespiegelt, so führt das zu einer ablehnenden Haltung.

## Spiegel: Schatten sehen – Ich darf nicht .../Ich muss ...

**Schritt 1: Das Thema finden**
Fragen, um den Schatten aufzudecken:

- *Gibt es Themen, die Sie z. B. in Gesprächen usw. vermeiden?*
- *In welchen Situationen sind Sie nervös, überempfindlich bzw. gehen in eine Abwehrhaltung?*
- *Welche Art von Bemerkungen bringt Sie auf die Palme (lässt Sie total verstummen)?*
- *Unter welchen Umständen haben Sie das Gefühl, unterlegen zu sein oder nicht genügend Selbstvertrauen zu besitzen?*
- *In welchen Situationen schämen Sie sich? Auf welchem Gebiet haben Sie panische Angst davor, eine Schwäche zu zeigen?*
- *Was würden Sie nie oder nur äußerst ungern tun?*
- *Was können/dürfen Sie nicht tun, selbst wenn Sie sollten (z.B. wütend werden)?*

**Schritt 2: Den Schatten benennen**
Zwei Arten von Antworten tauchen normalerweise auf:

1. **Ich darf nicht** ... z.B. aggressiv sein, usw. Hier wird der Schatten sofort benannt.
2. **Ich muss** ... z.B. immer lieb/freundlich sein usw. Die Beschreibung, die hier auftaucht, ist nicht der Schatten, sondern erst die Umwandlung in den Satz »Ich darf nicht...« gibt dem Schatten einen Namen.

**Beispiel:** Ich muss immer nett sein -> Umwandlung in: Ich darf **nicht gemein** sein. »Gemein sein« ist dann der Schatten.

**Schritt 3: Potenzialarbeit**
Der wichtigste Schritt zum Bearbeiten seines Schattens ist:

ihn zu benennen
ihn aus der Dunkelheit ans Licht zu holen
anerkennen, was ist.

Einige folgende Formate arbeiten mit beiden Teilen: »Ich darf nicht … – Ich muss …« Deshalb beide Teile/Aussagen herausarbeiten.

**Schritt 4: Weitere Integrationsansätze**
**Umdeuten/Ökologie-Check**
Lassen Sie Ihren Klienten Situationen/Kontexte finden:
a) in der die abgelehnte Ressource angemessen/sinn- und wertvoll ist
(*Wann ist es total gut/wichtig, distanziert sein zu können?)*
b) die bisher bevorzugte Ressource eher unangemessen wirkt *(Wo und wann ist warmherzig sein eher keine Hilfe?)*

**Empowering und Ahnenarbeit**
Wie in meinem Buch »Persönlichkeitsentwicklung mit System« in der Empowering-Methode beschrieben, ist ein Schatten ein Prägungserlebnis, meistens aus der Kindheit. Dieser Schatten lässt sich mit der Empowering-Methode auflösen, wenn es ein Gefühl eines zeitlichen Davors gibt, d.h. der Schatten ist dann irgendwann als Prägung entstanden.

**Ursachen für »Ich darf nicht ...«**

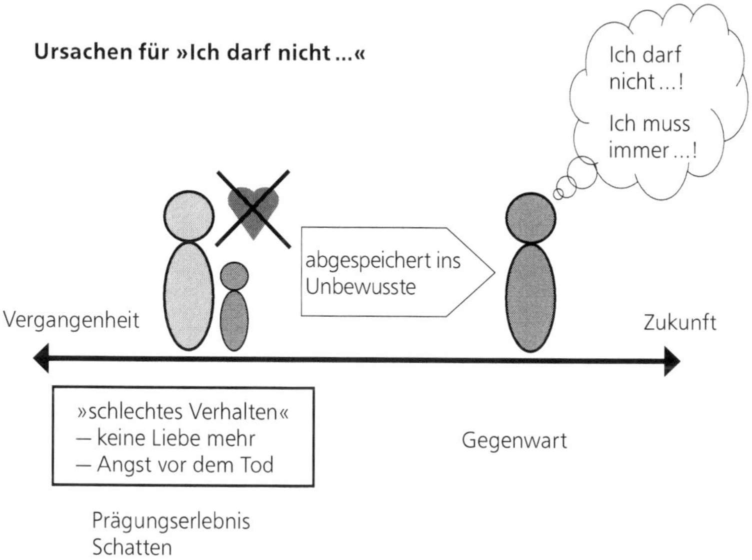


**ODER**
**Es ist eine Dynamik, die von den Vorfahren kommt, z.B. Loyalität (gleiches Schicksal erleiden wollen, Nachfolgen wollen usw.)**

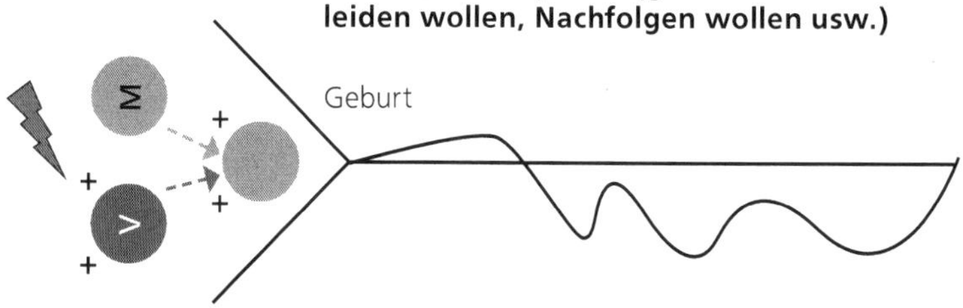


Ist der Schatten **nicht als Prägung** entstanden, sondern dieses Gefühl begleitet die Person schon das ganze Leben, so lässt sich dieses »Nicht-dürfen« durch die **Genea-Methode** auflösen. Die Genea- und Empowering-Methode wird im Kapitel »Coaching in der systemischen Mediation« und ausführlich in meinem Buch »Persönlichkeitsentwicklung mit System« erklärt.

**Systemische Mediation: Vorgehen für Situationen, in denen eine neue Person einen Schatten gespiegelt hat (die Frage gilt für beide Konfliktpartner):**

*1. Welche Überzeugung oder Wertemaßstab hat der jetzige Konfliktpartner damals beim Kennenlernen bei Ihnen verletzt? Welches Verhalten hat der Konfliktpartner gezeigt, was für Sie ein Schatten ist bzw. was man nicht tun darf?*
*2. Welcher »Schatten« hat damals gewirkt?*
*3. Wenn Sie nun Ihre alten »Schatten« ablegen, wie wäre dann Ihr erstes Kennenlernen gewesen? Was verändert sich? Könnte es dann gut gewesen sein?*

Neben dem Verwechseln einer Person, der »Brille« und dem »Schatten« gibt es noch weitere Ursachen dafür, dass es von Anfang an nicht gut ist/war. Dazu gehört die **Systemgesetzebene** mit ihren verschiedenen Facetten wie die versehentliche Aufstellung, ein vergifteter Platz oder eine Systemgesetzverletzung.

## Systemgesetzebene wie Systemgesetzverletzungen, vergifteter Platz, nicht ausgeglichen stark genug (+ - , - + oder - -), versehentliche Aufstellung, vergifteter Auftrag ...

### Vergifteter Platz

**Beispiel: Unehrenhaft entlassener Geschäftsführer**
Ein Geschäftsführer, der ein Werk in Übersee aufgebaut hat, wird unehrenhaft vom neuen Holdingchef entlassen. Unehrenhaft heißt hier, dass ohne Vorankündigung der neue Geschäftsführer präsentiert wird. Andere Beispiele sind: dem alten Geschäftsführer wird eine hierarchisch niedrigere Position angeboten oder dem alten Geschäftsführer wird eine höhere Chefebene übergestülpt.

Der Holdingchef erkennt den alten Geschäftsführer nicht als Person an und auch nicht, was der alte Geschäftsführer alles für das Unternehmen geleistet hat, auch nicht den Aufbau des Werkes.
Selbst wenn auf der Sachebene gute Gründe für eine Entlassung bestehen, kommt es auf die Art und Weise an, wie sie ausgesprochen wird und wie gehandelt wird. Es muss Anerkennung deutlich werden und beim Geschäftsführer und den Mitarbeitern ankommen. Fühlt sich der alte Geschäftsführer gewürdigt, so ist eine Kündigung kein Ausschluss. Eine Entlassung führt dann zu Ausschluss, wenn sie ohne Anerkennung geschieht und über den alten Geschäftsführer nicht mehr geredet werden darf.
Die Folge eines solchen Ausschlusses ist, dass die Mitarbeiter sich ebenfalls ausgeschlossen und nicht anerkannt fühlen. Sie werden dadurch loyal dem Alten gegenüber, selbst wenn es sachlich gesehen negative Aspekte gab! Gleichzeitig entsteht Angst bei den Mitarbeitern, denn sie fragen sich, wen es als Nächsten treffen mag.
Eine Folge davon ist Demotivation, die soweit gehen kann, dass man unbewusst die Firma in den Ruin treibt. Das Werk könnte ab diesem Zeitpunkt rote Zahlen schreiben, damit der Holdingchef keine Gewinne daraus ziehen kann. Manchmal arbeiten die Mitarbeiter gerade so viel, dass das Werk überleben kann, der Holdingchef aber nicht erfolgreich wird. So wird gezeigt, dass der frühere Chef es doch besser konnte.
Betrachtet man den Platz des ausgeschlossenen alten Geschäftsführers, so ist dieser Platz vergiftet. Die Person, die diesen Platz einnimmt, hat in den meisten Fällen keine Chance, etwas Positives zu bewirken und zufrieden arbeiten zu können. Sei es, dass die alten Mitarbeiter ihr keine Chance lassen. Sei es, dass sie Verhaltensweisen oder Symptome des alten Geschäftsführers übernimmt und dadurch Ärger mit dem Holdingchef bekommt.
Das System will keinen Ausschluss und tut alles dafür, Ausschluss aufzuheben oder auszugleichen.
Alles »Negative«, wie Demotivation oder dem Neuen keine Chance zu geben, hat den positiven Sinn, den Ausschluss aufzuheben.
Das geht wie folgt:

Voraussetzung dafür ist, dass die Ehre des alten Chefs wiederhergestellt wird. Dafür ist es notwendig, dass ihm von Herzen Anerkennung für seine Leistung ausgesprochen wird, dass weiterhin über ihn gut geredet wird und werden darf und dass er einen entsprechenden Ausgleich erhält.

Auch hier ist wie immer entscheidend, dass die Anerkennung und Würdigung von Herzen kommt, wirklich ernst gemeint ist und auch beim Gegenüber ankommt.

**Ein weiteres Beispiel aus der Praxis:** Eine Firma hat kein »Glück« mit ihren Vertriebsleitern. Die aktuelle Situation ist, dass sie keinen Vertriebsleiter hat. Der letzte ist von sich aus gegangen und war nur drei Monate dort. Davor war ein Mitarbeiter aus dem Vertriebsteam zum Leiter aufgestiegen, der ebenfalls nach sechs Monaten das Unternehmen verließ oder verlassen musste. Wie sich herausstellte, wurde ein früherer langjähriger Vertriebsleiter ausgeschlossen, da er dem neuen Geschäftsführer zu mächtig war.
Natürlich kann der Geschäftsführer den Vertriebsleiter entlassen, er muss es aber mit Anerkennung tun. Da er das aber nicht tat, hat er mit den negativen Konsequenzen zu leben.
Die Reaktion des Systems darauf war, dass keiner diesen vergifteten Platz einnehmen wollte und ausfüllen konnte.

**Beispiel: Vergifteter Platz in einer Patchwork-Familie**
Ein Ehepaar hat ein gemeinsames Kind. Trennen sich diese Eltern im Schlechten, d.h. die Verletzungen wie Leid und Wut werden nicht aufgelöst und die Eltern schließen sich aus oder reden schlecht übereinander, so bleiben zwei vergiftete Plätze jeweils neben einem Elternteil übrig.
Geht z. B. die Mutter eine neue Beziehung ein, so muss der neue Partner das frühere Elternpaar anerkennen, aber auch, dass das

Kind mit der Mutter ein früheres System bildet. Er muss sich zurückstellen.

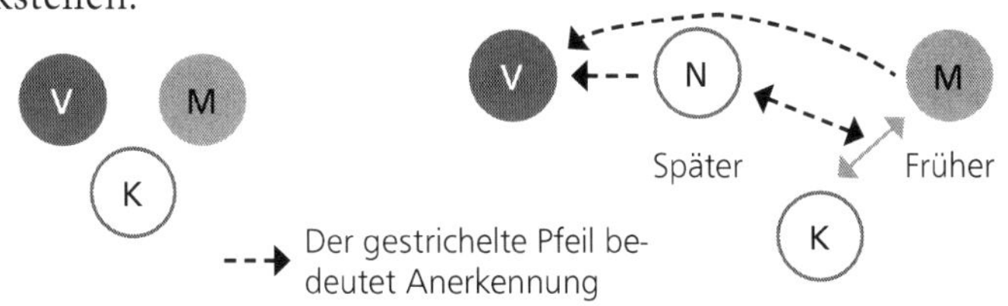


Beim Kind muss das Gefühl ankommen, dass es für die Mutter wichtiger ist als der neue Mann. Erst dann kann ein neues System mit Mutter, Kind und neuem Mann entstehen, das auf gegenseitiger Wertschätzung beruht. Fühlt sich das Kind von der Mutter oder vom neuen Mann nicht genügend wertgeschätzt, beziehungsweise verliert es die Position des Früheren, so wird das Kind probieren, den neuen Mann auszuschließen.

Gibt es in dem Beispiel einen vergifteten Platz neben der Mutter, so wird das Verhalten des neuen Partners nicht ausreichen, denn die Mutter kann ja selbst nicht das Frühere anerkennen. Der neue Partner bekommt oft die Wut des Kindes ab, obwohl diese Wut durch die Eltern erzeugt wurde. Auch spürt der neue Partner etwas von dem Leid und der Wut des früheren Ehemannes.

Ist kein Patschwork-Partner vorhanden, so übernimmt normalerweise ein Kind diesen vergifteten Platz. Folgen können sein:

- Missbrauch (in meiner Arbeit mit Klienten kommen viele Fälle vor, egal ob die Tochter vom Vater oder der Sohn von der Mutter missbraucht wurde und der Partner weggeschaut hat),
- Kinder fühlen sich für die Eltern verantwortlich, (erlebe ich oft bei Unternehmensnachfolgen in Familienunternehmen, dass die Plätze vertauscht sind) - Eltern sind nicht Eltern, sondern gleichberechtigt mit den Kindern,
- Kinder können keine eigene feste Paarbeziehung eingehen, da sie gebunden sind (»verheiratet mit der eigenen Mutter/Vater«

– dann taucht die Frage bei einem evtl. Partner auf: Wer ist wichtiger – ich oder deine Mutter/…?)
- Kinder erhalten nicht genügend Kräfte – mit allen Folgen.

**Systemische Mediation: Vorgehen für Situationen, in denen ein vergifteter Platz vorliegt (die Frage gilt für beide Konfliktpartner):**

1. *Gab es für Ihre Position einen Vorgänger? Wenn ja, ist er im Guten gegangen? Oder gab es Systemgesetzverletzungen? Wurde der Vorgänger ausgeschlossen oder ist er mit Wut gegangen? Ist bei den Beteiligten Angst entstanden, wie mit dem Vorgänger umgegangen wurde?*
2. *Wann war es beim Vorgänger und den anderen Beteiligten noch gut? Welche Personen sind verantwortlich dafür, dass es zu einem vergifteten Platz gekommen ist?*
3. Möglichst diese Systemgesetzverletzungen mit den früheren Beteiligten auflösen. Wenn das nicht mehr möglich ist, ist erstens die Erkenntnis hilfreich, dass es einen vergifteten Platz gab, und zweitens kann probiert werden, ein Teil der Wut an die früheren Beteiligten loszuwerden.
4. *Wenn Sie sich nun das Neue vorstellen (ohne vergifteten Platz), wie wäre dann Ihr erstes Kennenlernen gewesen? Was verändert sich? Könnte es dann gut gewesen sein?*

## Nicht ausgeglichen stark genug (+ - , - + oder - -)

Ist der eine Konfliktpartner nicht ausgeglichen kraftvoll genug, so kann dieses ebenfalls dazu führen, dass es noch nie gut war. Dies kann einerseits darin begründet sein, dass der Konfliktpartner auf einen vergifteten Platz kommt oder er selbst einen vergifteten Platz aus ungelösten alten Konflikten aus einem anderen System mitbringt, und andererseits, dass er nicht genügend Kräfte von seinen

Vorfahren hat, da es noch ungelöste Systemgesetzverletzungen bei seinen Ahnen gibt. Es wird die Genea-Methode genutzt, damit der Konfliktpartner ausgeglichen kraftvoll ++ wird, und dann wird die Empowering-Methode angewendet, damit der Konfliktauslöser seine neuen Kräfte, seine neuen Fähigkeiten und Verhaltensweisen in seiner Lebensgeschichte erlebt.
Wäre der Konfliktpartner ausgeglichen kraftvoll genug gewesen, so wäre es höchstwahrscheinlich beim Kennenlernen gut gewesen.
Ist der Konfliktpartner durch die Genea- und Empowering-Methode nun ausgeglichen stark genug und hat Selbstvertrauen, so kommt oft die Aussage: »Ich hätte mich selbstsicherer verhalten. Da ich nicht stark genug war, habe ich mich arrogant/unsicher verhalten. Das hat auf den anderen natürlich gewirkt. Dazu wäre es im Neuen mit den Kräften nicht gekommen.« Die Verursacher dafür, dass es am Anfang nicht gut war bzw. dass es zu einer Verletzung kam, sind dann einerseits der Konfliktauslöser und andererseits die Vorfahren, die nicht ausgeglichen kraftvoll genug waren.

**Systemische Mediation: Vorgehen für Situationen, in denen einer nicht ausgeglichen stark genug war (die Frage gilt für beide Konfliktpartner):**

1. Zuerst die Systemgesetzverletzungen bei den Vorfahren des Konfliktpartners auflösen und dann bei ihm selbst (Empowering). Ist der Konfliktpartner dann ausgeglichen kraftvoll ++ genug, beide zusammen bringen.
2. Der Konfliktpartner spricht über seine neue Stärke, was er aufgelöst hat und wie er sich beim Kennenlernen verhalten hätte.
3. *Wenn Sie sich nun das Neue vorstellen (die neue Stärke sehen und das Neue hören), wie wäre dann Ihr erstes Kennenlernen gewesen? Was verändert sich? Könnte es dann gut gewesen sein?*

## Versehentliche Aufstellung

Aus den Aufstellungsarbeiten weiß man, dass es zu **versehentlichen Aufstellungen** kommen kann. Ich stelle Ihnen drei Varianten vor, obwohl es noch weitere gibt.

**1.** Person A und B lernen sich kennen. Wenn Person A von negativen Gedanken an eine Person P aus seiner Familie, seinem Beruf oder Freundeskreis stark gefesselt ist und die Gedanken um diese Person P kreisen, so kann es sein, dass die anwesende Person B als Stellvertreter für diese Person P herhalten muss. Diese versehentliche Aufstellung geschieht unbewusst und kann dazu führen, dass die erste Beziehung zwischen A und B gestört wird, ohne dass es einen offensichtlichen Grund gibt.

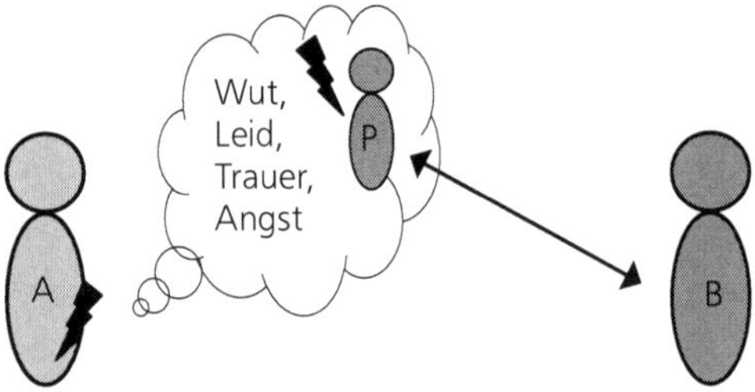


**Übung für drei Personen A,B und C:** A denkt an eine Person P, die ihn gedanklich stark berührt, mit der vielleicht noch etwas zu klären ist. A kann verdeckt arbeiten, d.h. A sagt B nicht, um welche Person es geht. B ist dann der Stellvertreter für P, d.h. A stellt B und dann sich selbst im Raum auf, so wie es spontan passt. Mit Unterstützung von C fragt A nun B: »Was ist mit dir? Was fühlst du? Wie geht es dir? Möchtest du mir etwas sagen?«, »Bewege dich frei im Raum und finde eine Stelle, an der es dir sehr gut geht, du kannst aber auch stehen bleiben oder wieder herkommen.« Dann stellt C A entsprechende Fragen.

**2.** Es gibt das Systemgesetz »Recht auf Zugehörigkeit (kein Ausschluss)«, wie bereits erläutert. Wird eine Person aus der Familie oder Organisation oder aus einem anderen System ausgeschlossen, so will das System einen Ausgleich dafür. Gleichzeitig versucht das System, diese Verletzung aufzulösen, indem es die versehentliche Aufstellung als Signal benutzt: »Bitte schaue hin und löse diesen Ausschluss«. Normalerweise tritt ein Kind oder jemand, der später in das System hineingekommen ist, auf diesen freien Platz. Auch hier kann eine versehentliche Aufstellung passieren, wenn sich wieder A und B treffen. Angenommen, in A's Familie wurde jemand ausgeschlossen, dann kann es sein, dass B auf diesen freien Platz tritt, ohne dass A an diese Person denkt. Auch sind beide über ihre nun in diesem Fall verschlechterte Beziehung ohne ersichtlichen Grund verwundert.

3. **Verschiebung oder Doppelung:** Es kommt immer wieder vor, dass ein Mitarbeiter und sein Chef Probleme miteinander haben. Die Ursache kann eine Systemgesetzverletzung in der Familie des Mitarbeiters sein, die er unbewusst auf das Firmensystem überträgt oder verschiebt.

**Beispiel:** Mitarbeiter »A« hat mit seinem Vater Probleme. Der Vater ist in seinem Verhalten seinem Sohn gegenüber nicht wirklich Vater, und der Sohn kann den Vater dadurch nicht richtig anerkennen. Dieses Problem kann er als Mitarbeiter auf seinen Chef übertragen. Der Chef steht dann unbewusst für den Vater. Der Mitarbeiter kann dann auch den Chef nicht richtig anerkennen, und es gibt die entsprechenden Auswirkungen. Generell kann gesagt werden, dass Systemgesetzverletzungen im Familiensystem einer Person oft unbewusst auf Firmensysteme übertragen werden – mit der Hoffnung des Familiensystems, diese Verletzungen aufzuarbeiten (vgl. Bischop 2010). Es kann sein, dass sich das schon beim Kennenlernen der Personen bemerkbar macht.

Um diese versehentliche Aufstellung zu lösen, ist eine echte bzw. innere Aufstellung hilfreich.

Das Phänomen der versehentlichen Aufstellungen ist grundverschieden von Projektionen oder Übertragungen. Wenn B sich räumlich von dem Freund trennt, beispielsweise in ein anderes Zimmer geht, so sollte A's Gefühl nachlassen oder verschwinden. Ist das so, dann war es eine versehentliche Aufstellung.

Der Mediator sollte solche Übertragungen, Projektionen oder Verwechslungen durch versehentliche Aufstellungen im Hinterkopf haben und gegebenenfalls in Supervisionen, Aufstellungen oder Coaching bearbeiten. Denn auch Mediatoren können versehentlich aufgestellt werden.

**Systemische Mediation: Vorgehen für Situationen, in denen eine versehentliche Aufstellung vorliegt (die Frage gilt für beide Konfliktpartner):**

1. *Hatten Sie zum Zeitpunkt des Kennenlernens noch mit anderen Personen (Familie, Freunde, früherer Arbeitgeber) Konflikte, die nicht aufgelöst waren? Gab es noch bei Ihnen Systemgesetzverletzungen (Leid, Wut), wodurch Ihr Gegenüber versehentlich aufgestellt werden konnte?*
2. *Wie war Ihr Gefühl, als Sie sich dem Raum bzw. dem jetzigen Konfliktpartner genähert haben? Wie war Ihr Gefühl, als Sie sich entfernt haben? Gab es eine jeweilige Veränderung?*
3. *Welche Personen wurden versehentlich aufgestellt?* Möglichst diese Systemgesetzverletzungen mit den Personen (zumindest innerlich) auflösen. Wenn das nicht mehr möglich ist, ist erstens die Erkenntnis hilfreich, dass es eine versehentliche Aufstellung gab, und zweitens kann probiert werden, einen Teil der Wut an die früheren Beteiligten loszuwerden.
4. *Wenn Sie sich nun das Neue vorstellen (ohne versehentliche Aufstellung), wie wäre dann Ihr erstes Kennenlernen gewesen? Was verändert sich? Könnte es dann gut gewesen sein?*

## Ausschluss und Vorurteil/»Brille«: Schon vorher etwas über die Person gehört haben

Sehr oft wird über andere gesprochen, ohne dass sie anwesend sind. Sind die Aussagen negativ bzw. auf der Identitätsebene wie: »Der ist ...«, « Die ist ...«, so entstehen zwei negative Auswirkungen:
1. Es liegen Systemgesetzverletzungen vor, nämlich Ausschluss der Person, über die geredet wird, und es ist nicht respektvoll.
2. Die Interpretationsschleife – »Brille« wird weitergegeben. D.h. die eine Person hat eine »rote Brille« auf und erzählt der anderen Person davon, die vor dem Gespräch eine »blaue Brille« aufhatte. Nach dem Gespräch hat die Person dann eine kombinierte, z.B. »lila Brille« über die nicht anwesende Person auf.
Diese »lila Brille« kann dazu führen, dass es noch nie gut war bzw. es schon beim Kennenlernen dank der »lila Brille« nicht mehr gut sein kann.
Normalerweise holen sich Chefs Informationen über einen neuen Mitarbeiter bei der früheren Abteilung oder dem früheren Arbeitgeber ein. Dahinter steckt eine positive Absicht für den Chef und das Unternehmen, um entscheiden zu können bzw. um sich vorzubereiten. Trotzdem kann dies dazu führen, dass schon ein leichtes Vorurteil vorliegt und somit das Kennenlernen negativ beeinflusst.
Ein weiteres typisches Beispiel aus der Arbeitswelt für Ausschluss und eine veränderte »Brille« ist, wenn ein Mitarbeiter mit seinem Kollegen einen Konflikt hat und damit zum Vorgesetzten geht, ohne das dem Kollegen vorher mitzuteilen. Der Kollege fühlt sich übergangen, und es kommt zu einem Vertrauensverlust oder sogar Misstrauen.

**Beispiel Eskalationsmanagement:** Unter Eskalationsmanagement versteht man einen Vorgang, bei dem die Verantwortung für eine Entscheidung kontrolliert an die hierarchisch höhere Ebene (Vorgesetzte) abgegeben wird, wenn in einer Konfliktsituation auf den unteren Entscheidungsebenen keine Übereinkunft möglich ist. Es setzt voraus, dass die Konfliktparteien jeweils darüber informiert sind, dass eskaliert wird.

Haben zwei Mitarbeiter einen Konflikt und einer von ihnen sucht zur Lösung den Chef auf, so muss er zur Einhaltung des ersten Systemgesetzes »Recht auf Zugehörigkeit (kein Ausschluss)« dem anderen Mitarbeiter **vorher** mitteilen, dass er den Vorgesetzten kontaktiert.

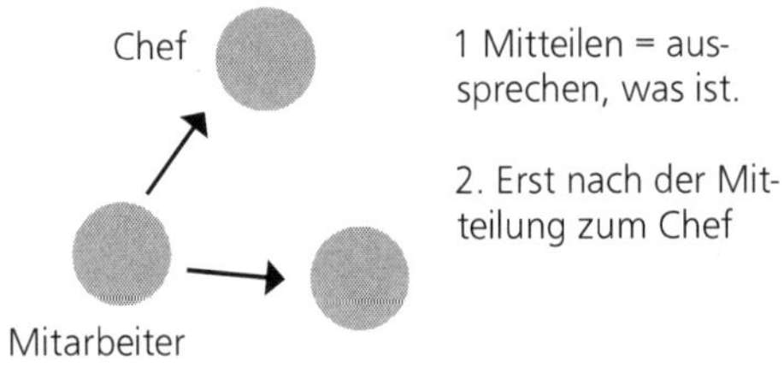


Der Chef sollte als allererstes den Mitarbeiter fragen, ob sein Kollege weiß, dass er das Thema dem Chef vorträgt. Wenn nicht, also ein Ausschluss vorliegt, darf der Chef nicht auf das Thema eingehen, sondern der Ausschluss sollte zuerst aufgehoben werden. Hört der Chef sich jedoch das Thema an, so schließt er den Mitarbeiter ebenfalls aus und erhält zum Teil die »Brille« des Mitarbeiters.
Zusammengefasst ist das optimale Vorgehen, damit es zu keinem Ausschluss kommt:
1. Der eine Mitarbeiter teilt dem anderen mit, dass er den Chef zu dem Thema aufsucht.
2. Der Chef fragt, ob der andere Mitarbeiter informiert ist.
3. Der Chef spricht mit beiden zusammen.
Genauso ist vorzugehen, wenn es um Eskalation über Hierarchieebenen geht.

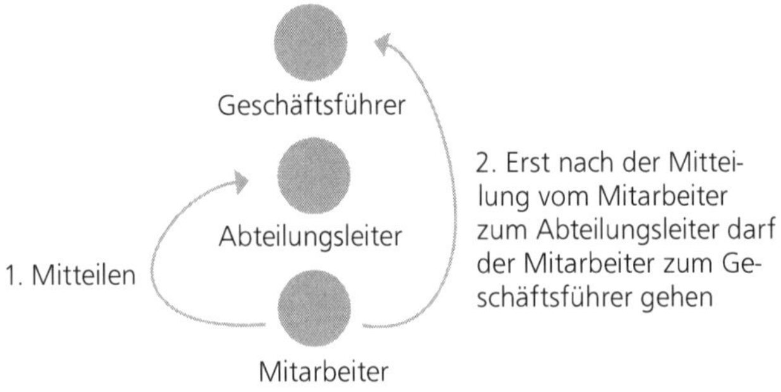

Liegt ein nicht lösbarer Konflikt zwischen dem Mitarbeiter und dem Abteilungsleiter vor, so muss auch hier der Mitarbeiter dem Abteilungsleiter vorher mitteilen, dass der Mitarbeiter den Geschäftsführer zu dem Thema aufsucht. Und der Geschäftsführer sollte auch hier fragen, ob der Abteilungsleiter davon weiß. Der Mitarbeiter hat aus systemischer Sicht die Erlaubnis zum Eskalieren, wenn das Gesamtsystem oder er in Gefahr sind.
Damit es zu keinem Ausschluss kommt, sollten beide Konfliktparteien gemeinsam zur höheren Ebene gehen, bzw. die höhere Ebene spricht gleichzeitig mit den beiden Konfliktpartnern.

**Fazit**: Nicht über andere reden/lästern. Andere unterbrechen, wenn sie über andere sprechen.

Tratsch, Flurfunk und Lästern sind alltäglich und für die meisten Menschen normal. Ob im privaten oder beruflichen Umfeld, überall kommt es vor. Dennoch hat es zwei große Nachteile bzw. Konsequenzen.
**1. Ausschluss – das erste Systemgesetz wird verletzt, mit der Folge von Leid und Wut.** Wird über eine Person in deren Abwesenheit geredet, so ist sie ausgeschlossen. Oft kommen die Aussagen über Dritte oder Vierte zu der ausgeschlossenen Person zurück – natürlich verändert wie beim Spiel »Stille Post«.

**Übung 1: Würde ich es genauso sagen, wenn sie dabei wäre?**
Würden Sie die Aussage über die nicht anwesende Person genauso sagen, wenn sie anwesend wäre? Wenn nein, dann formulieren Sie sie zumindest so. D.h. Sie halten sich an die Feedbackregeln und beschreiben nur das objektive Verhalten. Es sollte keine Interpretation, Wertung oder eine »Die ist ...« oder »Die sind ...«-Aussage auf der Identitätsebene vorliegen. Am besten ist es jedoch, gar nicht über andere zu reden. Ob positiv oder negativ. Denn es gibt eine weitere Konsequenz.

**2. Die Sichtweise wird geprägt**

Die Sichtweise – metaphorisch als »Schubladendenken« oder »welche Brille habe ich auf« beschrieben – verändert sich bei der Person, die etwas über die nicht anwesende Person hört.

**Übung 2: Vor-Urteil**

Erinnern Sie sich an eine Person, welche Sie neu kennengelernt und über die Sie vorher etwas gehört haben? Selbst wenn Sie versucht haben, die Person neutral und ohne Vorurteil anzuschauen, ist Ihre Einstellung gefärbt gewesen. Wie sah die Färbung aus? Und hat sich Ihr »Bild« bestätigt oder war die Person dann doch anders?

**Aus diesem Grund sollten Sie respektvoll andere unterbrechen, wenn jemand über andere redet. Besonders dann, wenn es wertend und negativ ist oder »Die/der ist …«-Aussagen enthält.** Dieses gilt besonders für Vorbildfunktionen wie Eltern, Lehrer oder Führungskräfte. Je mehr die Eltern oder Führungskräfte (natürlich auch alle anderen) dieses Verhalten an den Tag legen, nicht über andere zu reden bzw. dieses zu verhindern, desto weniger Verletzungen auf der Systemgesetzebene treten ein. Damit wäre schon sehr viel gewonnen.

**Systemische Mediation: Vorgehen für Situationen, in denen der eine schon vorher etwas über die andere Person gehört hat (die Frage gilt für beide Konfliktpartner):**

1. *Hatten Sie vor dem Zeitpunkt des Kennenlernens schon mit anderen Personen (Familie, Freunde, früherer Arbeitgeber) über den jetzigen Konfliktpartner gesprochen? Hatten Sie etwas über den Konfliktpartner gehört (auch über Ecken)? Welcher Ruf eilte voraus?*
2. *Selbst wenn Sie probiert haben, das Gehörte zu löschen bzw. zu neutralisieren, so bleibt erfahrungsgemäß doch etwas hängen. Die »Brille« ist etwas gefärbt. Wenn Sie diese Färbung betrachten, wie viel Vorurteil bzw. Voreingenommenheit taucht nun auf?*

3. *Inwieweit hat diese Färbung der »Brille« Ihr Kennenlernen bestimmt?*
4. *Wenn Sie diese Voreingenommenheit herausnehmen, was verändert sich dann? Wie wäre dann Ihr erstes Kennenlernen gewesen? Was verändert sich? Könnte es dann gut gewesen sein?*

## Vergifteter Auftrag

Ein vergifteter Auftrag liegt dann vor, wenn eine Person eine Aufgabe oder Verantwortung für etwas übernimmt, wofür im Organigramm bzw. offiziell jemand anderes verantwortlich ist. Das setzt voraus, dass jemand seine Verantwortung nicht genügend übernimmt. Es liegt also eine Systemgesetzverletzung vor.

**Vergifteter Auftrag vom Chef:**
Ein Buchhaltungsleiter oder IT-Leiter bekommt einen geheimen Auftrag vom Chef. Das EDV-System muss dafür an den Wurzeln umgangen werden, und kein anderer darf davon erfahren. Dieses kann zum Ausschluss von anderen und dem neuen Mitarbeiter führen, die auch auf das System Zugriff hätten, da der Zugriff unterbunden werden muss.

Wird ein Berater oder auch ein neuer Mitarbeiter in ein Unternehmen geholt, damit ein Chef seine Verantwortung abgeben kann, so liegt auch ein vergifteter Auftrag vor.

**Unternehmensberatung/Ausschluss Mitarbeiter/ Selbstausschluss Chef:**
Beziehen Unternehmensberater die Mitarbeiter nicht in die Lösungsfindung mit ein, sondern verstehen sich als Experten, die die beste Lösung kennen, so kommt es dadurch zum Ausschluss der Mitarbeiter. Oft werden die Berater in die Unternehmen geholt, weil der Chef seine Verantwortung an sie abgeben will. Danach ist der Chef nie wieder richtig Chef, denn er hat sich selbst von seiner Verantwortung und seiner Führungsrolle ausgeschlossen. In beiden Bei-

spielen können die vergifteten Aufträge beim Kennenlernen dazu führen, dass es noch nie gut/neutral war.

Vergiftete Aufträge werden dann vergeben, wenn Systemgesetzverletzungen vorliegen oder die Aufgabe/Verantwortung nicht übernommen werden kann, weil die Ressourcen/Kompetenzen dazu ungenügend vorhanden sind. Zu Aufgaben mit einer Verantwortung gehören Kompetenzen/Ressourcen, damit überhaupt die Aufgabe ausgeführt werden kann. Dieser Zusammenhang lässt sich anschaulich als Dreieck darstellen. Die AVKK-Liste auf S. 92 ist eine Erweiterung des AVK-Dreiecks.

## Handwerkszeug: Das AVK – Dreieck (Aufgaben, Verantwortung, Kompetenzen/Ressourcen)

**Aufgaben**

- Welche Aufgaben fallen an?
- Wer bekommt welche Aufgaben?
- Wie genau ist/muss die Aufgabe definiert sein?

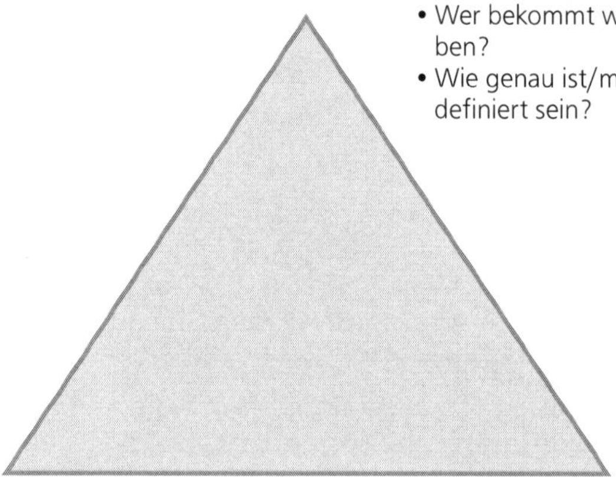

**Kompetenzen/Ressourcen**

- Rechte und Befugnisse
- Ressourcen (Zeit, Geld, Personal, Schulungen usw.)
- Entscheidungs-, Realisierungs- und Kontrollkompetenz
- Wissen

**Verantwortung**

- Welche Verantwortung wird übernommen?
- Pflichten und Konsequenzen
- Ist die Verpflichtung für die Eigen- und Fremdverantwortung bekannt?

Eine Aufgabe mit der dazugehörigen Verantwortung lässt sich nur dann erfolgreich durchführen, wenn die entsprechenden Kompetenzen vorhanden sind!

Andernfalls sind die Schuhe zu groß für die Aufgabe und die Verantwortung. Deshalb ist es wichtig, sich mit den folgenden Fragen auseinanderzusetzen.

**Kompetenzen/Ressourcen:**
Kompetenzen/Ressourcen lassen sich in zwei Bereiche aufspalten. Der eine Bereich sind die vom Mitarbeiter mitgebrachten oder noch zu fördernden Kompetenzen/Ressourcen und der andere Bereich sind die zu übertragenen Kompetenzen/Ressourcen vom Unternehmen oder der Führungskraft.

**Mitgebrachte oder zu fördernde Kompetenzen/Ressourcen:**

**Ressource: Wissen**

- Fachwissen vorhanden?
- Systemgesetze bekannt?
- Kultur, Struktur, Vision bekannt?
- Abläufe, Prozesse, Informationswege bekannt? (intern, Kunde, Länder)
- Konsequenzen bekannt?
- Aufgabe, Ziel, Verantwortung klar?
- Insiderwissen über Kunden?

**Kompetenzen/Ressourcen: Fähigkeiten**

- Sprache, körperlich, Zeit?
- Bereitschaft, zu reisen?
- Bereitschaft, Verantwortung zu übernehmen?
- Soziale Kompetenz (z.B. Feedbackgespräch)?
- Führungskreislauf bekannt?
- Führungsfähigkeit (innere Haltung und Stärke) genügend vorhanden?

**Übertragene Kompetenzen/Ressourcen:**
- Was darf ich?
- Was darf ich nicht? Wo sind die Grenzen?
- Welche Rechte habe ich?
- Was muss sichergestellt werden, damit ich gut arbeiten kann? (z.B. Zeit, Bezahlung, Anerkennung, klare Definition, AVK-Dreieck, Wissen)

**Systemische Mediation: Vorgehen für Situationen, in denen ein vergifteter Auftrag vorliegt (die Frage gilt für beide Konfliktpartner):**
1. *Gibt es ein Organigramm? Sind die AVK's für jeden geklärt? Liegen Verantwortungsverschiebungen vor? Trägt jeder seine Verantwortung? Hat jeder alle Kompetenzen/Ressourcen? Gibt es Geheimnisse? Gibt es inoffizielle Verantwortliche?*
2. *Wenn Sie jetzt erkennen, dass ein vergifteter Auftrag vorlag, wie verändert sich Ihr Kennenlernen?*
3. *Inwieweit hat dieser vergiftete Auftrag Ihr Kennenlernen bestimmt?*
4. *Wenn Sie diese Voreingenommenheit herausnehmen, was verändert sich dann? Wie wäre dann Ihr erstes Kennenlernen gewesen? Was verändert sich? Könnte es dann gut gewesen sein?*

In der systemischen Mediation tauchen oft Organisationsstrukturen als Ursachen für Konflikte und Systemgesetzverletzungen auf. Diese Strukturen werden mit bester Absicht eingeführt, um etwas zu verbessern, zum Beispiel wenn Wachstum entsteht, eine weitere Ebene einzuführen. Trotzdem haben sie oft negative Auswirkungen, wenn die Systemgesetze nicht bewusst sind bzw. die Verletzungen nicht angesprochen und aufgelöst werden. Als CoachMediator ist dieses Wissen wichtig, um Konfliktursachen nicht nur im Verhalten der einzelnen Menschen zu finden, sondern auch in den Strukturen.

## Strukturen in Organisationen, die zu Systemgesetzverletzungen führen

Es gibt Organisationsstrukturen, die zu Systemgesetzverletzungen führen. Sie werden mit der besten Absicht eingeführt und man erhofft sich dadurch viele Vorteile. Jedoch überwiegen in den meisten Fällen die Nachteile durch die Systemgesetzverletzungen. Zu diesen Strukturen gehören beispielsweise die Matrixstrukturen, Holdings (bei denen nicht nur der Name, sondern Funktionen enthalten sind) und auch die Trennung von fachlicher und disziplinarischer Führung.

**Beispiel Projektleiter gleich Mitarbeiter:**
Ein Abteilungsleiter hat einen Mitarbeiter, der gleichzeitig ein Projekt leitet. Der Chef spricht am Abteilungsleiter vorbei direkt mit dem Projektleiter auch über Themen, die nicht zum Projekt gehören, sondern zur Abteilung.

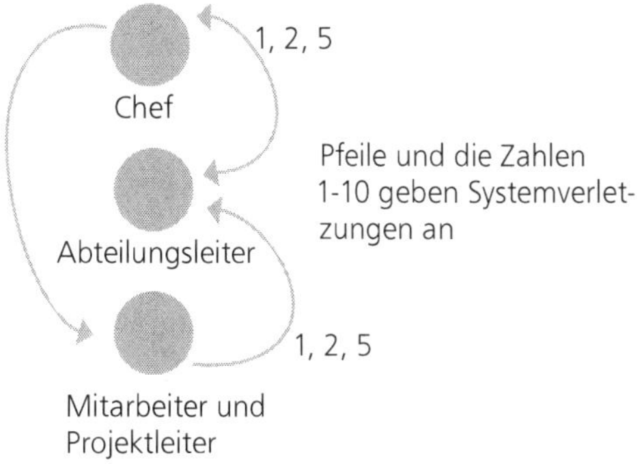


Dadurch wird der Abteilungsleiter ausgeschlossen. Auch der Chef muss die Systemgesetze einhalten. Er muss die hierarchischen Wege beachten, und zwischen den Dreien muss Klarheit herrschen, welche Kommunikationswege für die drei Gültigkeit haben. Oft treten solche Unklarheiten in Matrixorganisationen auf, denn dort übernehmen die Mitarbeiter mehrere Rollen gleichzeitig. Daher ist es oftmals schwierig, die verschiedenen Hierarchien ohne Ausschluss einzuhalten.

**Beispiel: Projektmatrix – Ressourcen**
Braucht der Projektleiter Ressourcen vom Abteilungsleiter 1 und bekommt sie nicht, so wird er zum Geschäftsführer gehen.

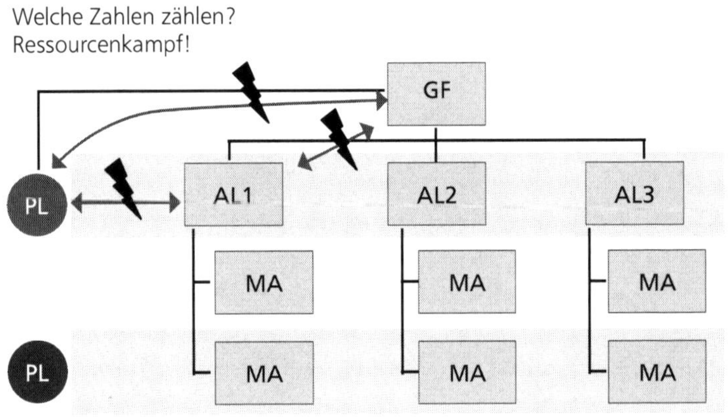


Dann soll der Geschäftsführer klären: »Was ist wichtiger – das Projekt? Oder der Betrieb?« Egal wie der Geschäftsführer entscheidet, es wird zu Verletzungen kommen. Nach meinen Erfahrungen mit Matrixstrukturen setzt sich über kurz oder lang der Abteilungsleiter durch, d.h. die Linienstruktur ist stärker.

**Fazit:** In Matrixorganisationen oder bei Projekten muss besonders auf die Einhaltung der Systemgesetze geachtet werden. Und es dürfen keine Systemgesetzverletzungen vorliegen, wenn sie eingeführt werden.

In einer linearen Organisation, in der die Systemgesetze nicht eingehalten werden, ist es ratsam, so wenig Projekte wie möglich zu vergeben, denn sie sind potenzielle Ursachen für weitere Systemgesetzverletzungen. Wird ein Projekt eingeführt, so muss vorher die

Systemgesetzebene geklärt werden. Liegen Verletzungen vor? Wenn ja, so müssen sie vorher gelöst werden. Erst wenn Vertrauen zwischen den Beteiligten herrscht und die Systemgesetzebene stimmt, ist das Fundament für ein erfolgreiches Projektmanagement gegeben.

Aus Sicht der Systemgesetzebene ist die reine Linienstruktur mit klaren Kompetenzverteilungen am besten geeignet. Matrixstrukturen oder auch die Trennung von fachlicher und disziplinarischer Führung führen normalerweise zu Systemgesetzverletzungen wie Ausschluss oder fehlende Anerkennung.

**Beispiel Trennung von fachlicher und disziplinarischer Führung:**

**Diese Struktur führt zu Ausschluss (worst case):**

- MA bekommen nicht die Anerkennung vom DV, wenn FV die Mitarbeitergespräche führen darf (Ausschluss)
- MA fühlen sich ausgeschlossen, wenn DV und FV über sie reden
- FV fühlt sich ausgeschlossen, wenn DV direkt Aufgaben an die MA gibt
- DV fühlt sich ausgeschlossen, wenn FV und die MA über ihn reden

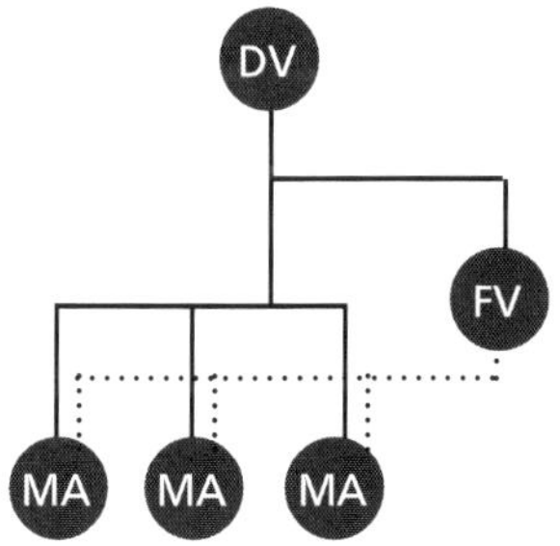


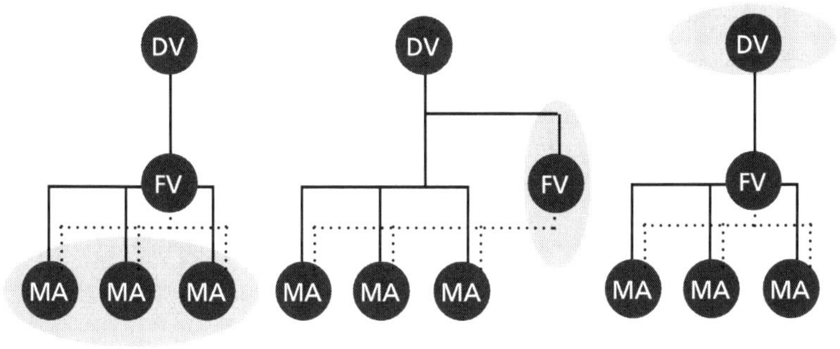

**Fazit für Strukturen in einer Organisation aus der Sicht der Systemgesetze:**

- Die Struktur sollte möglichst linear sein (kann auch flach bedeuten).- Möglichst wenige Projekte – lieber die Projekte in die Linie als Aufgaben verteilen.
- Projektleiter und Teilprojektleiter sollten eins sein mit z.B. Abteilungsleiter und Teamleiter.
- Keine Trennung von fachlicher und disziplinarischer Führung – zur Führung gehört Verantwortung und die benötigten Kompetenzen.
- Gibt es Konflikte in der Organisation, diese lösen und nicht die Struktur verändern.
- Die Struktur nur verändern, wenn keine großen Systemgesetzverletzungen vorliegen.
- Wird die Struktur verändert, so muss die Vision/Strategie und die Kultur berücksichtigt werden. Passen alle drei zusammen?
- Welche Strukturen kennen Sie, die bei Ihnen schon Systemgesetzverletzungen erzeugt haben?

**Systemische Mediation: Vorgehen für Situationen, in denen Strukturen zu Systemgesetzverletzungen geführt haben (die Frage gilt für beide Konfliktpartner):**

*1. Gibt es ein Organigramm? Wie sieht die Organisationsstruktur aus? Sind die AVK' s (Aufgabe, Verantwortung, Kompetenzen) für jeden geklärt? Liegen Verantwortungsverschiebungen vor? Trägt jeder seine Verantwortung? Hat jeder alle Kompetenzen/Ressourcen? Gibt es Geheimnisse? Gibt es inoffizielle Verantwortliche? Wie müsste eine Struktur aussehen, damit möglichst wenige Systemgesetzverletzungen entstehen?*

*2. Wenn Sie jetzt erkennen, dass eine Struktur vorlag, die unweigerlich Systemgesetzverletzungen erzeugt, wie verändert sich Ihr Kennenlernen?*

*3. Inwieweit hat diese Struktur Ihr Kennenlernen bestimmt?*

*4. Wie wäre dann Ihr erstes Kennenlernen gewesen? Was verändert sich? Könnte es dann gut gewesen sein?*

# KAPITEL 6: SYSTEMISCHE MEDIATION MIT PAAREN

Meine Erfahrungen mit Paaren (Partnerschaften, Ehepaare, Ehe- und Geschäftspaare, Geschäftspaare) in der systemischen Mediation lassen sich in zwei Kategorien einteilen.
Die erste Kategorie besteht aus Paaren, die beim Kennenlernen ausgeglichen stark ++ genug sind und die durch alltäglich passierende Systemgesetzverletzungen, die sie nicht auflösen können, in eine abwärtsführende Eskalation geraten.
Zur zweiten Kategorie gehören die Paare, die beim Kennenlernen schon geschwächt +- oder -+ sind. Es finden sich oft Paare, bei denen der eine zu hart und der andere zu weich ist, was sich am Anfang als willkommener Ausgleich der Kräfte anfühlt. Auf Dauer oder spätestens wenn ein Kind (bei Geschäftspartnern, wenn ein Mitarbeiter) dazukommt, funktioniert dieser Ausgleich nicht mehr und es kommt dann zu Systemgesetzverletzungen. Wieso die Partner schon beim Kennenlernen nicht stark genug sind, kann an einem vergifteten Platz liegen (eine frühere Partnerschaft ist noch nicht von Systemgesetzverletzungen befreit) oder daran, dass der Partner von seinen Vorfahren nicht genügend Power bekommt, weil bei den Vorfahren noch ungelöste Systemgesetzverletzungen vorliegen (Scheidung wird weitervererbt).

In der Paarmediation geht es ebenfalls darum, den Zeitpunkt zu finden, als es noch für beide Partner gut war, und herauszufinden, ob beide ausgeglichen stark genug zum damaligen Zeitpunkt waren.

## Vorgehen erste Kategorie: stark genug beim Kennenlernen ++, ++

Es ist beim Kennen- und Liebenlernen für beide noch gut. Erfahrungsgemäß gibt es in den ersten Wochen, wo noch die rosarote Brille herrscht, die ersten kleinen Systemgesetzverletzungen. Werden diese nicht aufgelöst, so schwelen sie weiter und führen zu kleinen Rückverletzungen. Bekommt dieses Paar nun ein oder mehrere Kinder, so wird dieses System auf die Probe gestellt. Über Jahre hinweg eskalieren die Systemgesetzverletzungen immer mehr. Der eine Partner zieht sich vielleicht zurück, stürzt sich in die Arbeit oder geht sogar fremd, der andere Partner wird aggressiv oder wird krank. Vom positiven Gefühl und Zeitpunkt des Kennenlernens gehen die beiden nun auf ihrer Zeitlinie Richtung Gegenwart bis zum Zeitpunkt der ersten kleinsten Verletzung. Wer zuerst verletzt wurde, ist normalerweise zu Beginn nicht klar, lässt sich aber so finden. Ist die erste Verletzung gefunden, so wird diese sprachlich richtig aufgelöst. Immer wieder höre ich: »Wir waren schon öfters an diesem Punkt, ich habe mich auch schon zehnmal dafür entschuldigt, aber es hat sich nicht verbessert.« Wenn ich dann nachfrage, mit welchen Worten sie es probiert haben, dann werden das Denkgefühl, Interpretationen, Vorwürfe, Entschuldigungen und Rechtfertigungen genannt. Alles davon verhindert jedoch eine Auflösung von Systemgesetzverletzungen.
Also achten Sie als CoachMediator und als Partner genau darauf, dass es wie im ersten Kapitel beschrieben sprachlich richtig abläuft. Wurde nun die erste Verletzung aufgelöst, so beschreiben beide Partner, wie es ohne die gefühlte erste Verletzung bei der nächsten Verletzung gewesen wäre. Meistens wäre sie dann nicht passiert. Aus diesem Standpunkt (wäre nicht passiert – wertschätzende Haltung) wird das Leid anerkannt und die Wut genommen. So werden alle weiteren Verletzungen bis zur Gegenwart aufgelöst. Danach kümmern wir uns erst um die Sachthemen.

## Vorgehen zweite Kategorie: nicht stark genug (zu hart +-/ zu weich -+)

Zu dieser Kategorie gehören die meisten Paare in der systemischen Mediation.
Ist die Voraussetzung, dass beide Konfliktpartner beim Kennenlernen stark und ausgeglichen sind im Sinne der Kräfte ihrer Ahnen, nicht gegeben, so wird zuerst mit Hilfe der Genea- und Empowering-Methode die Kräfte der Ahnen (also die Schwert- und Herzseite) durch eine innere Aufstellungsarbeit aktiviert. Das geschieht entweder mit jedem Partner in der Einzelarbeit oder mit dem Paar gemeinsam (der eine macht die innere Aufstellung, der andere hört zu). Dann geht jeder Partner mit der neuen Power durch sein Leben (Empowering) und löst evtl. noch vorhandene Systemgesetzverletzungen aus früheren Partnerschaften innerlich auf (Leid sehen, Wut nehmen, sich gegenseitig frei lassen und alles Gute wünschen können).
Sind alle früheren Partnerschaften frei von Verletzungen, so lernen sich die beiden mit der ausgeglichenen Stärke neu kennen.
*Wie ist es dann? Was verändert sich? Ist es gut?*
Mit dieser neuen Power wird nun die erste Verletzung aufgelöst, die normalerweise nicht passiert wäre, wenn beide zum damaligen Zeitpunkt stark genug gewesen wären. Ab dann geht es wie in der ersten Kategorie weiter und alle folgenden Verletzungen werden aufgelöst.
Sind alle größeren Systemgesetzverletzungen aufgelöst, so kann es einerseits sein, dass das Paar wieder ein Liebespaar wird. Andererseits kann erst so eine wirklich gesunde Trennung stattfinden (man darf erst dann gehen, wenn man nicht mehr gehen MUSS).
Bei einem Paar mit Kindern unterscheide ich die Beziehungs- und Systemgesetzebene. Auf der Beziehungsebene ist das Liebespaar angesiedelt. Auf der Systemgesetzebene, die das Überleben eines Systems beschreibt, geht es darum, für die Kinder ein Elternpaar zu sein. Das reicht, um den gemeinsamen Kindern die notwendige Stärke (Herz und Schwert) zu geben, damit das Überleben gesichert ist und

es gut weiter gehen kann. Wenn das Elternpaar noch zusätzlich ein Liebespaar ist, umso besser für das Kind.

## Elternpaar versus Liebespaar

Können z. B. geschiedene Eltern als Elternpaar agieren, d. h. sie halten die Systemgesetze ein, reden miteinander und es gibt keine verletzten Gefühle und Wut mehr, so reicht dieses für die Weitergabe der Kräfte aus. Sie müssen kein Liebespaar sein. So kann eine Patchwork-Familie gelingen.
Sind die Eltern kein Liebespaar und kein Elternpaar mehr, d. h. sie verletzen sich gegenseitig auf der Systemgesetzebene wie Ausschluss, keine Wertschätzung, und ist noch Wut vorhanden, so reicht es nicht zur Weitergabe der vollen Kräfte aus, sie sind selbst nicht stark genug und haben einen vergiften Platz neben sich.

Hier nun eine kurze Gegenüberstellung zur Beschreibung von Partnerschaften.

## Partnerschaft ganz »normal« (inhaltlich befangen sein) mit unausgeglichen starken Partnern (+- ; -+)

In einer ganz »normalen alltäglichen« Partnerbeziehung, nach der Phase des Verliebtseins, ist der eine Partner einerseits genervt, wenn der andere Partner nicht so ist, wie er ihn gerne hätte, anderseits hat er Angst davor, den Partner und seine Liebe/Anerkennung zu verlieren. Auf beiden Seiten betrieben, führt das dazu, dass keiner der/die sein darf, der er oder sie wirklich ist.

**Folge:** Keiner fühlt sich in der Beziehung wirklich wohl. Äußere Umstände (z.B. Geschenke, Länge der Beziehung, finanzielle Abhängigkeiten, Kinder usw.) werden zum Fundament der Beziehung.

**Weitere Aspekte:**

- Selbstwertgefühl ist abhängig von äußerer Rückmeldung
- Ich will (fordere) etwas von meinem Partner (Erwartung der Bedürfniserfüllung)
- Dinge müssen geregelt werden
- Liebe wird abhängig erlebt (ich liebe dich nur, wenn du wirst, wie ich dich will)
- Fokus liegt auf Nehmen (Mangel)
- Partner soll das geben, was von den Eltern (Liebe, Anerkennung, Geborgenheit) fehlt
- Angst, Sorge und Konflikte prägen die Atmosphäre
- Attraktivität nimmt ab
- Diese »Liebe« engt ein

## Eine integrale Partnerschaft (im Prozess sein/Loslassen) mit ausgeglichen starken ++ Partnern

In einer integral ausgerichteten Beziehung fühlt sich jeder wohl, weil er oder sie sein kann, wie er oder sie ist. Veränderung (eher Wandel) findet ganz natürlich statt.
Die Partner leben mehr im Hier und Jetzt und nicht in dem, was war oder vielleicht sein sollte. Beide können »Loslassen«, ohne ihre Ziele oder den Partner aus den Augen zu verlieren. Ein starkes ICH und ein starkes DU ergeben erst ein starkes WIR.
Die Beziehung wird getragen von Vertrauen, Freiheit, Anerkennung und Respekt.

**Weitere Aspekte:**

- Fokus liegt auf Geben (Fülle) und Nehmen
- Selbstwerterleben ist unabhängig von Äußerlichkeiten
- Ich lasse den Partner »frei« (er kann so sein, wie er ist)
- Liebe wird unabhängig erlebt
- Von den Eltern ist genügend Power (Liebe, Anerkennung, Geborgenheit) vorhanden, der Partner muss nichts kompensieren

- Vertrauen, Lassen und Fließen prägen die Atmosphäre
- Attraktivität nimmt zu bzw. bleibt
- Diese »Liebe« macht frei

Nicht nur bei Paaren nutzen wir die systemische Mediation. Teamentwicklung oder Supervision werden oft dann angefragt, wenn es um Konflikte im Team geht, die sich mit eigenen Bordmitteln nicht auflösen lassen. Bei der Auftragsklärung ist herauszufinden, um welches Ziel es geht und welcher Hebel angesetzt werden kann. Dazu nutze ich das Modell der Teamentwicklungsebenen, welches kurz vorgestellt wird.

# KAPITEL 7: SYSTEMISCHE MEDIATION IN DER TEAMENTWICKLUNG

Erfolgreiche Teamentwicklung setzt an unterschiedlichen Stellen im »Modell der Entwicklungsebenen« an. Als Beschreibungsmodell werden die Ebenen der Veränderung verwendet, welches eine Weiterentwicklung des Modells der »neurologischen Ebenen« von Bateson und Dilts (Dilts, Die Veränderung von Glaubenssystemen – NLP Glaubensarbeit) ist. An welchen Ebenen im Teamcoaching/Teammediation angesetzt werden kann, damit ein Team sich entwickeln kann, wird nun beschrieben.

## Die sieben Teamentwicklungsebenen

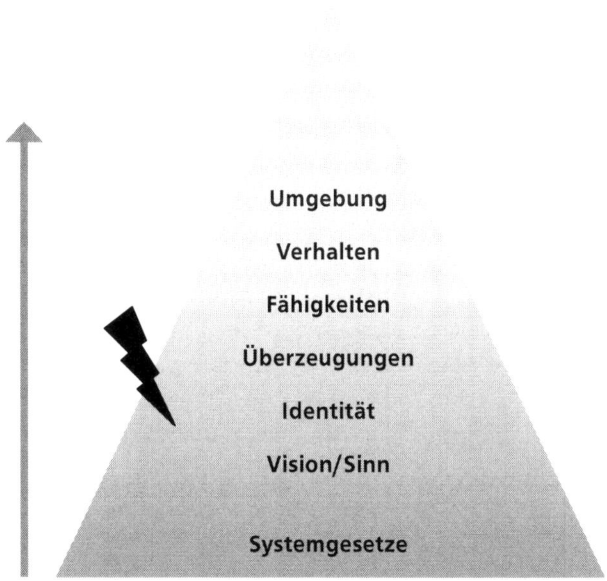

**Umgebungsebene:** Teamumgebung ist passend, die Umgebung inspiriert und macht Spaß ...
**Verhaltensebene:** Feedbackkultur und Anerkennung wird gelebt. Motivation durch Zugehörigkeit.
**Fähigkeitenebene:** Wohlgeformte Ziele, Rollenklarheit, alle Kompetenzen für den Einzelnen und dem Team sind vorhanden.
**Überzeugungsebene:** Einschränkende Glaubenssätze des Teams und des Teammitglieds auflösen, z.B. »Ich muss perfekt sein.« Es fällt dann schwer, zu delegieren. -> Überlastung -> Burnout oder Krankheit, um zu entkommen. Oder: »Wir als Team müssen ...« Besser: Motivierende Überzeugungen erarbeiten, kommunizieren und leben.
**Identitätsebene:** Wer bin ich? Wer sind wir als Team? Falls einschränkende Überzeugungen vorhanden sind, diese umwandeln in unterstützende Überzeugungen. Die Teamidentität (Wer sind wir?) entwickeln.
**Visionsebene:** Vision des Unternehmens und des Teams und der einzelnen Teammitglieder bekannt oder vorhanden? Falls die Teamvision der Vision des Unternehmens widerspricht, diesen Demotivationsfaktor bearbeiten, indem die persönliche Vision mit der Teamvision und der Unternehmensvision zusammen passen.
**Systemgesetzebene: Systemgesetzverletzungen wie Ausschluss, fehlende Anerkennung und Respekt führen zu einer demotivierten Zusammenarbeit. Je nach Stärke der Verletzung kann es zu Krankheiten kommen - > Systemgesetzverletzungen auflösen.** Eine der am häufigsten vorkommenden Systemgesetzverletzung ist, dass »Früher vor später« nicht beachtet wird.

**Beispiel**: Ein Teammitglied, das später ins Team gekommen ist, wird bevorzugt oder das neue Teammitglied bringt sein neues Wissen hinein und die Früheren denken: »Ist ja schön und gut, aber nicht am ersten Tag. Er kann ja erst mal fragen, was wir alles schon gemacht haben.«

Umgekehrt ist **Zugehörigkeit die stärkste Motivation im Team. Das Sprichwort »Der Fisch fängt immer zuerst am Kopf an zu stinken« meint, dass der Teamleiter ausgeglichen stark sein muss und das Team führen und die Systemgesetze beachten muss.** Ansonsten beschreibt der Spruch das Problem bzw. den Verursacher im Team.
Es gibt in der klassischen Teamentwicklung sehr viele hilfreiche Tools oder Aktivitäten, die das Zusammenwachsen von Teams fördern oder die Kommunikation verbessern. Diese ganzen Tools funktionieren jedoch nur, wenn es eine gesunde Basis auf der Systemgesetzebene gibt. Sind Systemgesetzverletzungen vorhanden, so reichen die klassischen Tools nicht aus. Entweder werden sie vom Team sofort abgelehnt oder wenn es zu einer Teamentwicklung kommt, so sind sie nicht nachhaltig.
Deshalb gilt es, zuerst zu überprüfen, ob das Fundament der Systemgesetze tragfähig ist und keine großen Systemgesetzverletzungen vorliegen. Sind Systemgesetzverletzungen vorhanden, so sind sie zuerst abzuarbeiten. Daran anschließend können dann die klassischen Tools angewendet werden.

Damit Teamentwicklung mit den klassischen Methoden funktionieren kann, dürfen keine großen Systemgesetzverletzungen vorliegen.
Taucht während der Arbeit mit den klassischen Teamentwicklungstools eine Systemgesetzverletzung auf, sofort unterbrechen und sie SysGV abarbeiten.

**Systemische Mediation in der Teamentwicklung**
*Liegen Systemgesetzverletzungen vor?*
Wenn ja, diese zuerst auflösen.
Erst dann ist die klassische Teamentwicklung wie Visionsfindung, Leitbild, Rollenklärung usw. sinnvoll.

Ich stelle nun ein typisches Vorgehen von mir in einer Teamentwicklung vor, bei dem zuerst Systemgesetzverletzungen aufgelöst werden müssen. Zuerst beginne ich mit der Teamführung. Sind dort alle Voraussetzungen zum Auflösen von Systemgesetzverletzungen erfüllt, geht es zum Team.

## Typisches Vorgehen des CoachMediators in einer Teamentwicklung im Überblick

| | |
|---|---|
| I Systemgesetzebene, Systemgesetze und wie Verletzungen aufgelöst werden können, vorstellen<br>II Systemogramm (Systemgesetze) ausarbeiten<br>III Zeit/Ursachen-Diagramm ausarbeiten<br>IV Wenn nötig, Coaching zur Stärkung des Teamleiters | Einzelarbeit mit der Teamleitung oder noch höherer Führungsebene |
| V. Systemgesetzebene, Systemgesetze und wie Verletzungen aufgelöst werden können, vorstellen | Team und Teamleitung |
| VI. Systemogramm (Systemgesetze) ausarbeiten<br>VII. Zeit/Ursachen-Diagramm ausarbeiten<br>VIII. Weiteres Vorgehen klären (Konfliktpaare identifizieren) | Team ohne Teamleitung |
| IX. Systemgesetzverletzungen paarweise zwischen Teamleiter und Teammitglieder sowie zwischen Teammitgliedern auflösen | Paarweise oder im Team mit Teamleitung |
| X. Teamentwicklung wie Visionsarbeit - Teamvision, Rollenklärung ... | Team und Teamleitung |

**Beispiel: Team und drei Hierarchieebenen**

Unten ist ein typischer Ablaufplan eines Coachings/systemischen Mediation von einem Team dargestellt, in dem es Konflikte gibt und Konfliktverursacher der Geschäftsführer GF, der Bereichsleiter BL, der Teamleiter TL sowie einzelne Teammitglieder sind. Im Team gab es im konkreten Fall so viel Konfliktpotenzial, dass Einzelgespräche durchgeführt wurden. Mit dem gesamten Team wird nur dann gemeinsam gearbeitet, wenn keine zu großen Systemgesetzverletzungen vorliegen. Ansonsten werden einzeln die Ursachen erarbeitet und dann paarweise die Verletzungen aufgelöst. Zum Schluss bringt man dann das Team zusammen.
Optimal ist es, wenn ganz oben in der Hierarchie begonnen wird. In der Abbildung ist die Reihenfolge des Vorgehens durch die Zahlen 1 – 7 verdeutlicht.

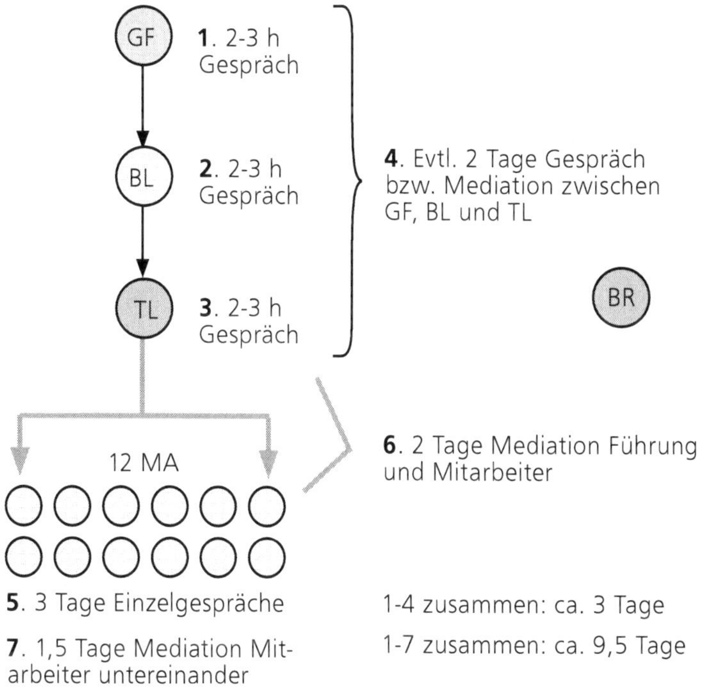

**Beispiel: Team mit ehemaligen Mobbingfall**
Ein Teamleiter hatte ein Team von 21 Mitarbeitern zu führen. Die Teamanzahl wuchs von sieben auf 21, und er wollte keine neue Hierarchie einführen, damit er direkten Kontakt zu seinen Mitarbeitern behält. Diese positive Absicht hatte jedoch negative Auswirkungen, denn er konnte nicht allen Teammitgliedern genügend Aufmerksamkeit schenken. Vor sechs Jahren kam es dann zu einem Mobbingfall, der auf der Sachebene dadurch beendet wurde, dass ein Mitarbeiter das Unternehmen verließ und der andere Mitarbeiter in eine andere Abteilung wechselte. Auf der Systemgesetzebene gab es noch einen vergifteten Platz, Leid, Angst und Wut. Wie sich in der Teammediation herausstellte, war die entstandene Angst, so etwas könnte nochmal wieder passieren, am stärksten. Nach dem Mobbingfall wurden zwei Teammitglieder zu »Klassensprechern« gewählt, die darauf achten sollten, dass es zu keinem neuen Mobbingfall kommt. Diese positive Absicht führte jedoch dazu, dass eine Hierarchie eingeführt wurde und dass die »Brille«, wie die »Klassensprecher« auf die anderen Teammitglieder schauten, dazu führte, dass sie im Umgang der Teammitglieder untereinander Verdachtsfälle erkannten. Diese meldeten die Klassensprecher dann dem Teamleiter, ohne dass die Betroffenen dabei waren. Das führte zu Ausschluss und zur veränderten Brille des Teamleiters. Und so eskalierten die Systemgesetzverletzungen immer weiter, obwohl alles mit bester Absicht geschah. Folgende Abbildung zeigt die beteiligten Teammitglieder.

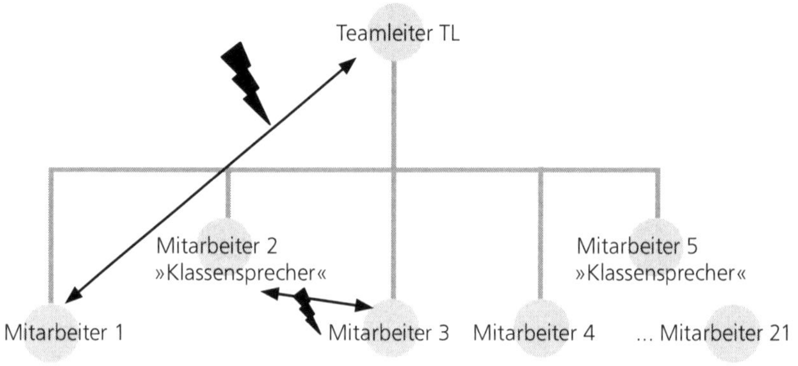

**Ablauf:** Nach dem Auftragsklärungsgespräch mit der Personalabteilung und dem Teamleiter gab es zuerst drei Coachingtermine mit dem Teamleiter á 3 Stunden. Im Coaching wurden die Genea- und Empowering-Methode angewendet. Dadurch wurde der Teamleiter ausgeglichen kraftvoll genug, konnte mit mehr innerer Stärke auf sein Team schauen und Verantwortung für sein Handeln übernehmen.
Dem Teamleiter war klar, dass er seinen ersten Mitarbeiter 1 vor Jahren verletzt hat, als der zweite Mitarbeiter dazu kam. Dem hatte er Aufgaben vom Mitarbeiter 1 übertragen, was zu einer Verletzung beim Mitarbeiter 1 führte, da es ohne genügende Erklärung stattfand. Je nachdem, wie der Teamleiter und der CoachMediator es einschätzen, gibt es verschiedene Möglichkeiten, die Systemgesetzverletzungen zwischen Teamleiter und Teammitarbeiter und zwischen den Teammitgliedern aufzulösen.

**Vorgehen 1:** Teamleiter mit dem Team zusammen. Vor dem Team werden paarweise die Verletzungen aufgelöst.
**Vorteil:** Alle bekommen mit, dass der Teamleiter stark genug ist und alle sehen das Neue. Außerdem ist dieses Vorgehen das schnellste, was am wenigsten Zeitressourcen braucht.
Voraussetzung: Teammitglieder sind stark genug und es herrscht noch etwas Vertrauen untereinander. Ist das Vorgehen 1 nicht durchführbar, so wird die Möglichkeit 2 gewählt.

**Vorgehen 2:** Paarweise Teamleiter und jeweils ein Teammitglied und danach paarweise Teammitglieder. Anschließend alle zusammen, damit jeder die neue »Brille« erhält.
**Vorteil:** Es ist der geschützteste Rahmen, damit Offenheit möglich ist.
**Voraussetzung:** Die Zeit- und Geldressourcen werden zur Verfügung gestellt, da dieses Vorgehen am längsten dauert.

**Vorgehen 3:** Dieses Vorgehen ist eine Kombination aus den beiden oben genannten Vorgehensweisen. Mit Teamleiter und Team zusammen. Wenn nötig, wird eine Auszeit genommen und im geschützte-

ren Rahmen ohne Team zwischen zwei Personen die Verletzungen aufgelöst. Danach geht es gemeinsam im Team weiter.
**Vorteil:** Alle bekommen mit, dass der Teamleiter stark genug ist, und alle sehen das Neue. Und es wird, wenn nötig, der geschützteste Rahmen genutzt, damit Offenheit möglich ist.
Voraussetzung: Teammitglieder sind stark genug und es herrscht noch etwas Vertrauen untereinander. Und die Zeit- und Geldressourcen werden zur Verfügung gestellt, da dieses Vorgehen länger dauert als Vorgehen 1.

Erfahrungsgemäß ist die Teamgröße zwischen 2–7 zum Auflösen von Systemgesetzverletzungen zwischen Teamleiter und Team optimal. Bis zu 10 Teammitgliedern ist möglich. Darüber hinaus wird es schwierig für den CoachMediator. Deshalb meine Empfehlung, nicht über 10 Teilnehmer hinaus zu gehen.

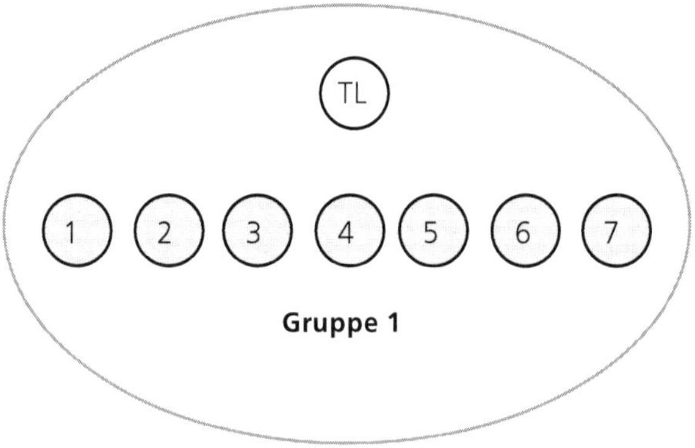


Wir wählten das Vorgehen 1 und legten drei Gruppen von jeweils 7 Teammitgliedern fest. In der ersten Gruppe waren die sieben Dienstältesten, in der zweiten Gruppe die folgenden und in der letzten Gruppe die sieben Dienstjüngeren.
Mit der ersten Gruppe und dem Teamleiter wurden innerhalb von einem Tag die Systemgesetzverletzungen aufgelöst. Dazu wurde zunächst für jedes Teammitglied der Punkt gefunden, an dem es noch gut war und wann und von wem die erste Verletzung passierte.

**Wann war es noch gut und dann erste Verletzung finden**

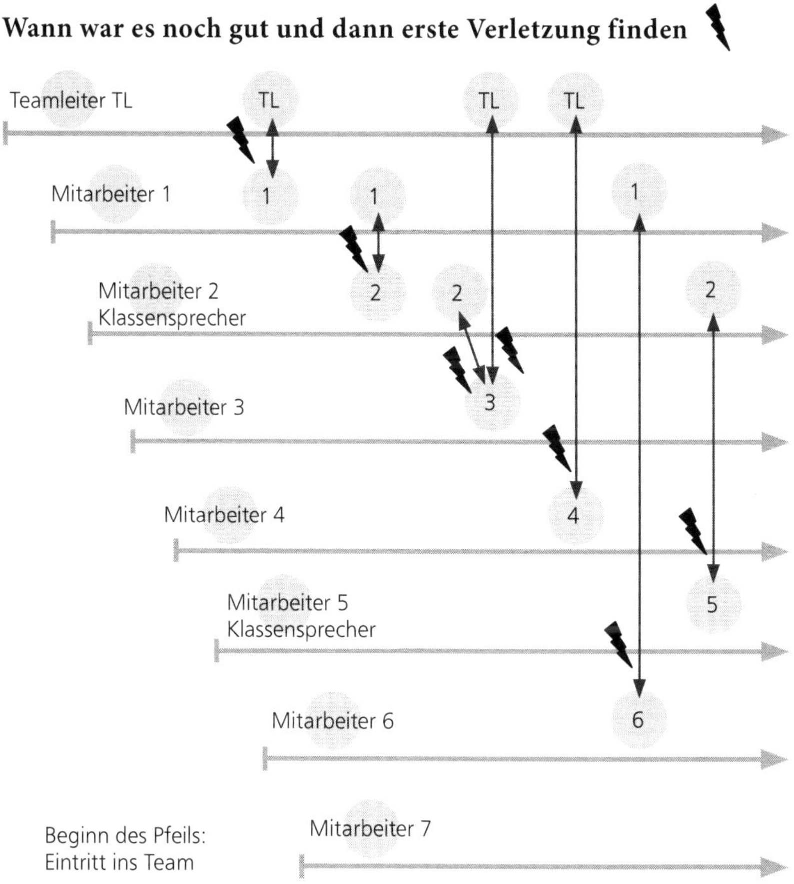


Das Diagramm zeigt das Eintrittsdatum als Beginn des Zeitpfeils und wann die erste Verletzung eintrat.

Wie im Diagramm zu sehen ist, gab es zuerst eine Verletzung vom Teamleiter zum Dienstältesten, kurz nachdem Teammitglied 2 eingestellt wurde. Daraufhin verletzte Teammitglied 1 Teammitglied 2. Teammitglied 3 wurde vom TL und von 2 verletzt.

Teammitglied 5 war früher im Team als Teammitglied 6, wurde aber erst später von 2 verletzt. 6 wurde schon vorher von 1 verletzt.

Zum Auflösen wird die erste Verletzung gebraucht und nicht das Dienstalter. In den meisten Fällen hängt das eins zu eins zusammen, bei den Teammitgliedern 5 und 6 wurde die Reihenfolge der Auflösung getauscht.

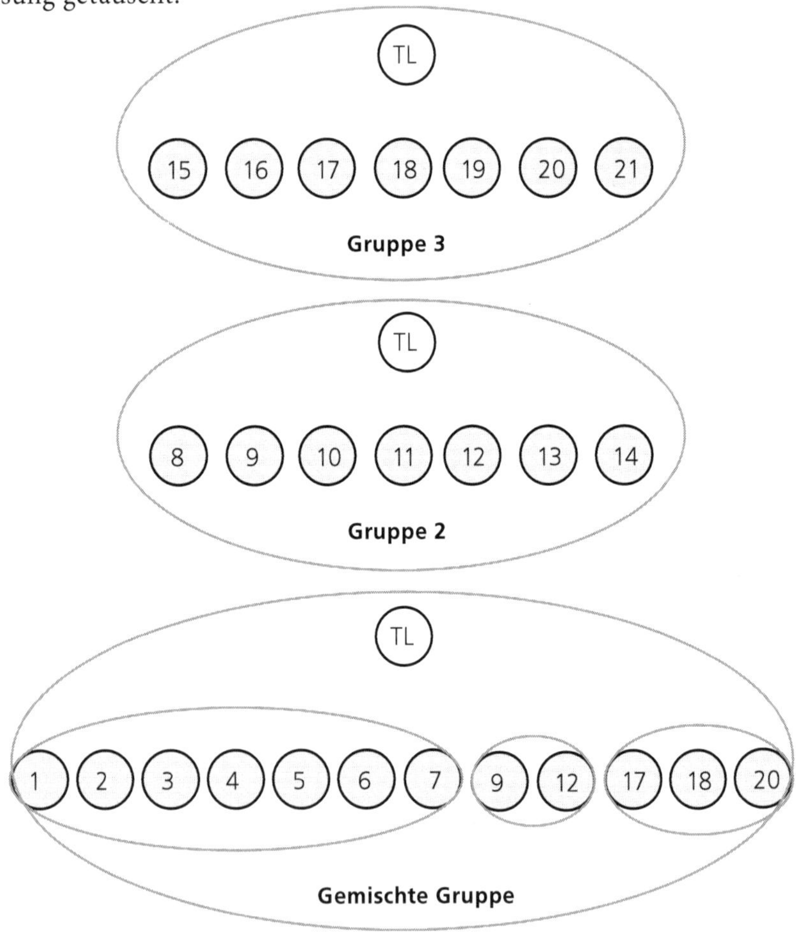


Innerhalb von zwei Wochen wurde genauso mit der Gruppe 2 und Gruppe 3 gearbeitet. Da es zwischen Teammitgliedern aus der ersten Gruppe noch Verletzungen zur zweiten und dritten Gruppe gab,

brachten wir die betroffenen Teammitglieder aus den drei Gruppen zusammen und lösten die Verletzungen auf.
In der Mediation konnten die einzelnen Verletzungen sowie die allgemeine Angst davor, dass es wieder zu einem Mobbingfall kommen könnte, aufgelöst werden. Die Rolle des »Klassensprechers« gibt es nicht mehr, da sie ein zu hohes Potenzial für Systemgesetzverletzungen hat. Und der Teamleiter widmet sich verstärkt seinen Teammitgliedern.
Sind alle Systemgesetzverletzungen innerhalb des Teams und mit der Teamleitung aufgelöst bzw. liegen keine tiefliegenden Verletzungen vor, so kann sich um die Teamvision gekümmert werden. Dafür finden Sie die folgende Teamübung:

## Übung: Teamvision im Team erarbeiten mit den Teamentwicklungsebenen

Da für die Teamvision und für diese Übung keine Systemgesetzverletzungen vorliegen dürfen bzw. davon ausgegangen wird, dass die Systemgesetzebene in Ordnung ist, nutzen wir nur sechs der sieben Teamentwicklungsebenen.

- **Start:** Ausgangspunkt muss ein positives Ziel sein.
- *Jeder nimmt sich eine Karte und schreibt darauf kurz die Umgebung. Dann geht jeder auf den Platz seines rechten Nachbars und fühlt und probiert das Geschriebene zu verstehen* (»Versetze dich in die Schuhe des anderen«).
- *Wenn du auf deinen Startpunkt zurückgekommen bist, so gehe eine Ebene höher, zur Verhaltensebene. Versetze dich in diese Ebene, welches Verhalten steht zur Verfügung usw. Schreibe dazu ein Stichpunkt auf eine neue Karte.*
- *Dann gehe eine Runde auf der Verhaltensebene (rechter Nachbar) und so weiter, bis du wieder zu deiner Karte mit dem Verhalten angekommen bist.*

- *Jetzt gehst du eine Ebene höher und schreibst eine Karte über die Fähigkeiten. Wieder herumgehen. Nächste Ebene höher und die Karte mit den Überzeugungen schreiben. Wieder herumgehen. Nächste Ebene höher und die Karte mit der Identität schreiben. Wieder herumgehen. Nächste Ebene höher und die Karte mit der eigenen Vision schreiben und wieder herumgehen und jeweils die Plätze der anderen einnehmen.*
- Ist jeder wieder an seinem Platz angekommen, wird gemeinsam eine Teamvision entwickelt.
- Im Zentrum steht zum Schluss die Teamvision, die sich aus den verschiedenen Visionen ergibt. *Findet gemeinsam eine Metapher oder ein Bild.*

**Teamvision**

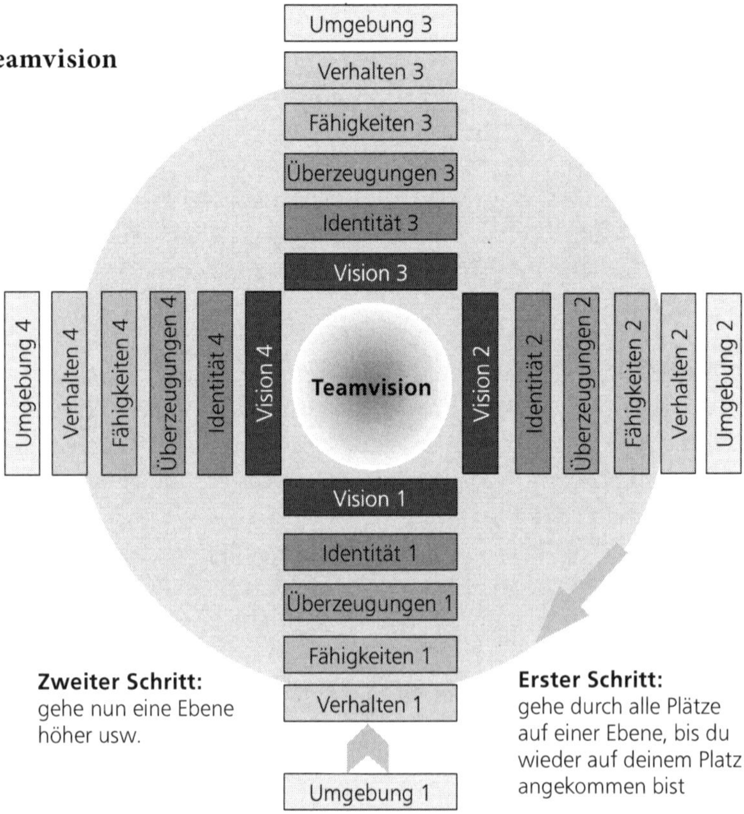

Ist die Teamvision erarbeitet, so ist auf den Ebenen der Entwicklung die nächsthöhere Ebene über der Vision die Identität. Für Teams heißt die Identitätsebene, die Fragen: »Wer sind wir als Team und welche Metapher geben wir unserem Team? Welche Rollenverteilung haben die Teammitglieder?« zu beantworten. Auch hierzu eine kurze Beschreibung einer Übung dazu:

## Übung: Teammetapher: Unser Team als …

- Für diese Übung werden zwei große Bogen Pinnwandpapier benötigt, die in der Mitte durch einen Klebestreifen miteinander verbunden werden.
- **1. Teil: Welche Metapher?**
  Zuerst wird gemeinsam im Team festgelegt, welche Metapher als Arbeitsgrundlage gewählt werden soll. Mögliche Metaphern sind z.B.: Unser Team als … Schiffsmannschaft, Orchester, Fußballmannschaft, Tier, Tierrudel, Auto, …
- **2. Teil: Grundgerüst**
  (Als Beispiel wähle ich die Schiffsmannschaft) Ohne miteinander zu sprechen, malt das Team ein Schiff auf den Bogen. Es empfiehlt sich dazu, das Blatt auf dem Boden zu platzieren, so dass der Eindruck spielender Kinder entsteht. Nach Fertigstellung des Schiffes wird die Schiffsmannschaft eingezeichnet. Anschließend darf das Bild mittels Farben koloriert werden.
- **3. Teil: Name**
  Die Gruppe setzt sich zusammen und verhandelt über den Namen des Schiffes. Der Name wird in das Schiff hineingeschrieben.
- **4. Teil: Rollenverteilung, wer ist wer?**
  Es werden folgende Funktionen untereinander in der Gruppe ausgehandelt:
  *Wer sind die Matrosen?*
  *Wer ist der Steuermann (zuständig für Navigation)?*
  *Wer ist 2. Offizier?*

*Wer ist der 1. Offizier?*
*Wer ist Kapitän?*
*Wer ist der Reeder?*
*…?*

Genauso wie für die Teamvision wird für die Teammetapher ein Klima benötigt, wo keine tiefen Systemgesetzverletzungen vorliegen. Liegen welche vor, so wird dieser Prozess der Erarbeitung der Teammetapher ins Stocken geraten. Also müssen zuerst die Verletzungen aufgelöst werden.

Eine der komplexesten Systeme, die ich bislang kennengelernt habe, ist eine Unternehmensnachfolge in einem Familiensystem. Dort überlappen die Systeme Familie (Eltern, Kinder/Nachfolger, Vorfahren), Unternehmen (Geschäftsführer, Bereichs- und Abteilungsleiter, Mitarbeiter und Familienmitglieder) sowie Eigentümer (Eigentum in der Familie und Fremdeigentümer wie Banken oder weitere Gesellschafter). Dort tauchen viele Systemgesetzverletzungen auf, weshalb für eine gelingende Nachfolge die systemische Mediation gebraucht wird.

# KAPITEL 8: SYSTEMISCHE MEDIATION BEI DER UNTERNEHMENSNACHFOLGE

In einer Unternehmensnachfolge, d.h. ein Inhaber will sein Unternehmen an ein Familienmitglied (Sohn/Tochter) weitergeben oder verkaufen, tauchen häufig Fragestellungen und Konflikte auf. Diese lassen sich grob in zwei Bereiche unterteilen. Der eine Bereich ist die Sachebene, der andere Bereich ist die Systemgesetzebene.

## Typische Fragestellungen oder Probleme auf der Sachebene

- Vererbung/Übertragung der Geschäftsanteile, von Sonderbetriebsvermögen, Eigentum
- Frage der Rechtsform/Vertragsgestaltung
- Steueroptimierung
- Familiensystem verzahnt mit Unternehmenssystem und Eigentum
- Gerechter Ausgleich unter den Familienmitgliedern gesucht
- Rollenverteilung in der Unternehmensführung unklar
- Übergabezeitpunkt nicht festgelegt
- Fehlende Vorbereitung für den Notfall
- Unsicherheit unter den Mitarbeitern
- keine externe Altersversorgung

## Typische Fragestellungen oder Probleme auf der Systemgesetzebene

**Senior**

- Kann Verantwortung schwer loslassen
- Mangelnde Akzeptanz des Nachfolgers
- Wunsch nach Erhalt der Strukturen

- Keine ausreichende Vision/Strategie vorhanden
- Sicherheitsbedürfnis
- Verlustängste
- Fühlt sich vom Nachfolger nicht genügend respektiert bzw. ausgeschlossen

**Nachfolger**
- Wunsch nach Autonomie
- Respektiert das Frühere nicht ausreichend
- Ausschluss des Seniors
- Wunsch nach Veränderung
- Zu hohe oder niedrige Risikobereitschaft
- Mangelnde Verfügbarkeit oder Einsatz
- Verpflichtung zur Nachfolge
- Vision oder Lebensziel entsprechen nicht der Nachfolge
- Fühlt sich vom Senior bzw. den Mitarbeitern nicht genügend respektiert bzw. ausgeschlossen
- Keine ausreichende Vision/Strategie vorhanden

**Unternehmen**
- Keine ausreichende Vision/Strategie vorhanden
- Konflikte im Betrieb
- Konflikte schwelen schon lange
- Viele indirekt Beteiligte

**Familie**
- Hohes Konfliktniveau durch ungelöste Familienkonflikte
- Konflikte schwelen schon lange, Rivalität, Reihenfolge nicht eingehalten
- Ungerechtigkeit, viele indirekt Beteiligte wie Verwandte, keine Familienverfassung

**Eigentum**
- Finanzierung ungeklärt
- Unterschiedliche Unternehmensbewertung

- Ungerechtigkeit
- Altersabsicherung ungeklärt

Systemgesetzverletzungen in der Ursprungsfamilie oder bei den Vorfahren sind häufig der Grund für Konflikte in der Unternehmensnachfolge. Drei Beispiele führe ich dazu auf.

**Beispiel: Familiennachfolge (Ausschluss des Früheren)**
Die meisten aller Familiennachfolgen scheitern, wenn das Familienunternehmen in die zweite Generation, die Enkelgeneration, übergeht. Oft wird der Junior durch ein BWL-Studium auf die Übernahme vorbereitet. Der alte Chef war noch einer, der mit anpacken konnte, selbst entwickelt hat, in den Werkshallen herumlief, die Mitarbeiter noch persönlich kannte. Der Junior macht alles anders. Ihm sind Zahlen oder neue Strukturen wie EDV, Kostenrechnung oder neue Umgangsformen wichtig. Auch hat er kein Gefühl für die Forschung und Entwicklung, zu den Produkten und keinen direkten Kontakt zu den Mitarbeitern.
Die Mitarbeiter und der Senior fühlen sich und die alte Kultur nicht mehr gewürdigt und ausgeschlossen. Sie sind dem Alten und dem Senior gegenüber loyal und wollen ihn behalten und den Junior hinausmobben. Der Senior kann in so einer Situation nicht loslassen und muss für das Alte eintreten. Das führt unweigerlich zum Kampf zwischen Senior und Junior.
Eine Familiennachfolge gelingt dann, wenn der Junior den Senior und das Frühere genügend anerkennt, der Senior sich wertgeschätzt fühlt und genügend Vertrauen in den Junior hat. Dann wird der Senior von sich aus die Verantwortung dem Junior übergeben und sich aus dem Unternehmen herausziehen, denn er erkennt, dass das neue System Vorrang hat. Nur der Senior kann dem neuen System Vorrang geben. Fordert der Junior vom Senior ein, dass das neue System Vorrang hat, ist es eine Systemgesetzverletzung mit Ausschluss, fehlender Anerkennung, Ungleichgewicht zwischen Geben und Nehmen und das Frühere wird nicht genügend wertgeschätzt.

**Beispiel: Übernommene Firma unbewusst an die Wand fahren wollen**

Der Inhaber einer großen Holding mit drei Firmen A, B und C hat sie von seinem Vater übernommen. Der Vater war ein starker Motor und Entwickler für die größte der drei Firmen A. Er und seine Frau trennten sich aus diesem Grund, da ihm die Firma A wichtiger war. Dieses führte zu Systemgesetzverletzungen bei der Mutter, bei ihm und beim Sohn. Der Sohn wuchs dann bei seiner Mutter und seinem Stiefvater auf.

Als er dann die Holding von seinem Vater übernahm, so kam es unbewusst als Reaktion auf den Ausschluss und die fehlende Anerkennung des Vaters zur Mutter und zum Sohn dazu, dass er das Unternehmen an die Wand fahren wollte. Bewusst wurde ihm dieses erst im Coaching. Die Lösung bestand für ihn darin, die Firma A zu verkaufen. Die Holding und die Firmen B und C behielt er. Und er gründete eine neue Firma, in der er seine eigene Vision verwirklichen konnte.

**Beispiel: Hochrutschen in den Generationen**

Ist ein Vorfahre, z.B. der Großvater im Krieg umgekommen und die Verletzungen wie Leid, Trauer, Angst und Wut wurden von den Zurückgebliebenen nicht aufgelöst oder noch schlimmer, der Großvater wird totgeschwiegen, so kommt es sehr oft vor, dass ein Sohn oder eine Tochter in die Rolle des Großvaters hineinrutscht, d.h. Verantwortung für die Großmutter und auch für die jüngeren Geschwister übernimmt. Diese Verschiebung in der Generation setzt sich fort, so dass das Enkelkind (das Kind des Hochgerutschten) auch hochrutscht und die Rolle des Großvater und noch stärker die Rolle des Hochgerutschten übernimmt.

Dieses Hochrutschen hat starke negative Auswirkungen und zeigt sich auch in der Nachfolge. Der zukünftige Nachfolger ist noch nicht Geschäftsführer, verhält sich aber schon so seinem Vater gegenüber. Dieses führt zu Systemgesetzverletzungen. Die Ursache ist, dass der Sohn unbewusst aus der Rolle des Großvaters handelt.

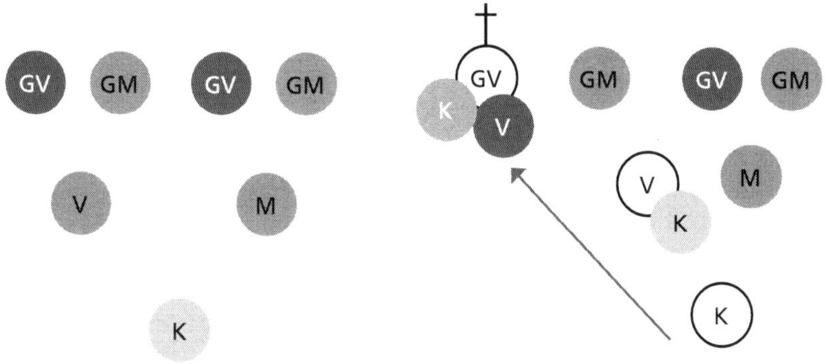


## Voraussetzungen, damit eine Familiennachfolge gelingen kann

- Langfristige Vorbereitung
- Eine Vision ist vorhanden
- Der/die Nachfolger werden freiwillig Nachfolger
- Gegenseitiger Respekt und Vertrauen ist vorhanden
- Die Systemgesetze werden eingehalten bzw. Systemgesetzverletzungen sind aufgelöst
- Die Beratung auf der Sachebene ist verzahnt mit der Beratung auf der Systemgesetzebene

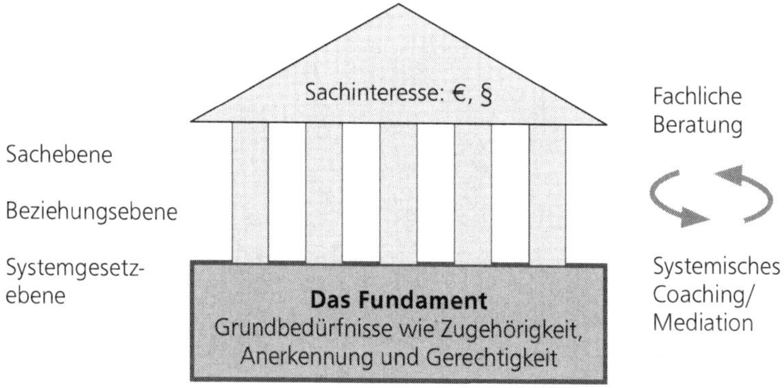

## Typische Themen, die durch die integrale Unternehmensberatung (Berater und CoachMediator) geklärt werden

- Vererbung/Übertragung der Geschäftsanteile und Sonderbetriebsvermögen
- Frage der Rechtsform/Vertragsgestaltung
- Steueroptimierung
- Familiensystem verzahnt mit Unternehmenssystem
- Gerechter Ausgleich unter den Familienmitgliedern wird gesucht
- Rollenverteilung in der Unternehmensführung wird geklärt
- Übergabezeitpunkt wird festgelegt
- Vorbereitung für den Notfall
- Unsicherheit unter den Mitarbeitern wird abgebaut
- Fehlende Anerkennung oder Ausschluss zwischen dem Senior und Junior werden aufgelöst
- Die Vision des Unternehmens und die Vision des Nachfolgers sind vorhanden und passen zusammen
- Familienkonflikte und Systemgesetzverletzungen sind vorhanden und werden aufgelöst

## Drei-Kreise-Modell

Zum bekannten Zweiklang Familienunternehmen (Familie und Unternehmen) hat Gersick als Beschreibungsmodell noch den Bereich Eigentum hinzugefügt. Bei der Gründung fallen häufig Familie, Unternehmen und Eigentum ineinander, da das Geld vom Gründer kommt und die Mitarbeiter Familienmitglieder sind. Im Laufe der Zeit kommen Nichtfamilienmitglieder als Mitarbeiter und externe Kapitalgeber dazu.

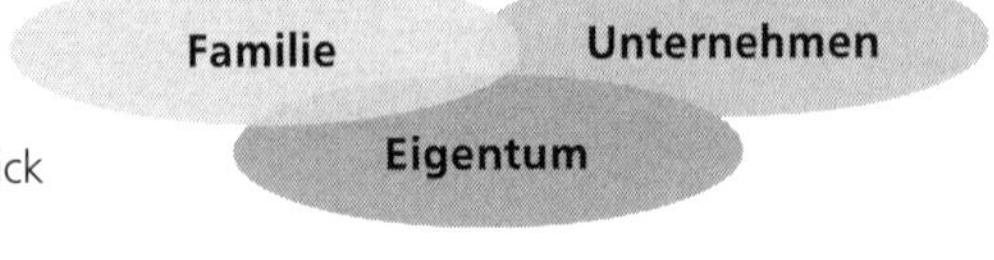


Drei-Kreise-Modell von Gersick

## Das 3 × 3 Säulenmodell für Familienunternehmen

Bringen wir das Drei-Kreise-Modell mit dem Haus der Systemgesetze zusammen, so sieht die Abbildung folgendermaßen aus:

**Das 3 × 3 Säulenmodell für Familienunternehmen**
von Dr. D. Bischop/Drei-Kreise-Modell (Familie, Unternehmen, Eigentum) von Gersick

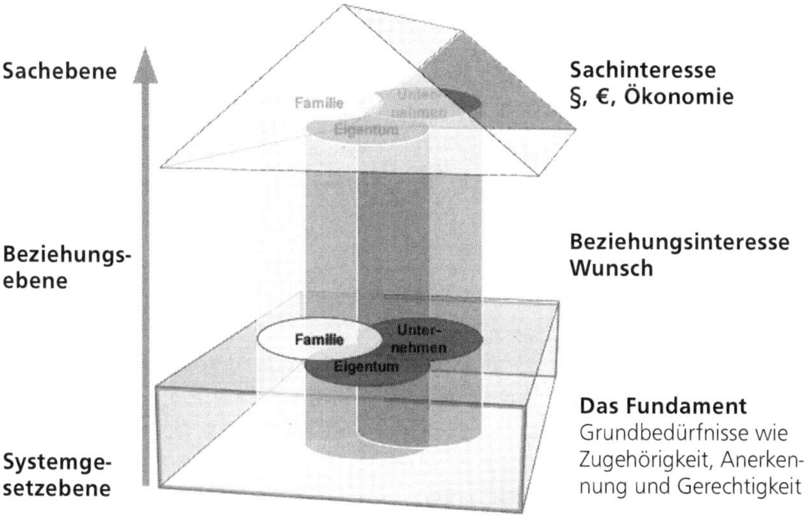


Damit eine Nachfolge gelingen kann, gilt es, die Sach- und die Systemgesetzebene gleichermaßen zu berücksichtigen. Gleichzeitig müssen die unterschiedlichen, sich überlagernden Systeme Familie, Unternehmen und Eigentümer beachtet werden. Liegen schon Systemgesetzverletzungen vor, so gilt es, diese zuerst aufzulösen. Dazu wird der Zeitpunkt gesucht, als es noch gut war.

## Konfliktverlauf im 3 × 3 Säulenmodell

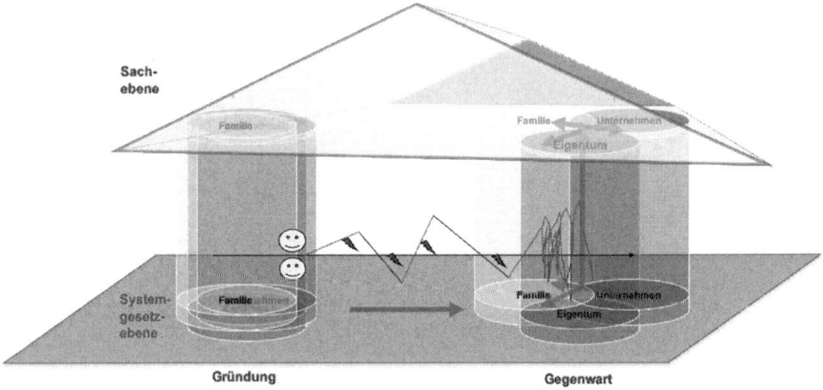


Ich stelle nun ein typisches Vorgehen von mir in einer Unternehmensnachfolge in einem Familienunternehmen vor, bei dem zuerst Systemgesetzverletzungen aufgelöst werden müssen. So ein Prozess kann sich über ein bis zwei Jahre hinziehen. Je schneller die Systemgesetzverletzungen aufgelöst werden, umso besser. Jedoch muss dieses alles bei einem laufenden Betrieb nebenbei ablaufen, weshalb es häufig länger als gewünscht dauert und es deshalb auch Rückschläge geben kann.

## Typisches Vorgehen des CoachMediators in einer Unternehmensnachfolge im Überblick

**Eltern:**
Zuerst beginne ich mit den Eltern. Sind dort alle Voraussetzungen zum Auflösen von Systemgesetzverletzungen erfüllt (beispielsweise mit Hilfe der Genea- und Empowering-Methode) und sind die Verletzungen zwischen dem Elternpaar (Vater und Mutter) aufgelöst, geht es zu den Kindern/Nachfolgern.

**Eltern – Kinder/Nachfolger:**
Wenn zwischen den Kindern/Nachfolgern und zwischen den Kindern und den Eltern alle Systemgesetzverletzungen aufgelöst sind, wird die Sachebene wie steuerrechtliche, rechtliche und finanzielle Fragen mit Hilfe von weiteren Beratern, der Familie und dem CoachMediator geklärt.

**Eltern – Kinder/Nachfolger – weitere Berater:**
Wichtig ist hier ein integrales Vorgehen, denn beispielsweise kann ein Steuersparkonstrukt Systemgesetzverletzungen auslösen. Gleichzeitig wird das Unternehmen betrachtet. Die Systemgesetzverletzungen zwischen den Eltern und Kindern/Nachfolger werden sich auch als Systemgesetzverletzungen im Unternehmen niedergeschlagen haben.

**Eltern – Kinder/Nachfolger – Unternehmen:**
Diese gilt es dann ebenfalls im Unternehmen aufzulösen.

|  |  |
| --- | --- |
| I. Systemgesetzebene, Systemgesetze und wie Verletzungen aufgelöst werden können, vorstellen<br>II. Systemogramm (Systemgesetze) ausarbeiten<br>III. Zeit/Ursachen-Diagramm ausarbeiten<br>IV. Wenn nötig, Coaching zur Stärkung der Eltern und Verletzungen auflösen zwischen Vater und Mutter (beispielsweise mit Hilfe der Genea- und Empowering-Methode) | Einzelarbeit mit den Eltern |
| V. Systemgesetzebene, Systemgesetze und wie Verletzungen aufgelöst werden können, vorstellen | Eltern und Kinder |
| VI. Systemogramm (Systemgesetze) ausarbeiten<br>VII. Zeit/Ursachen-Diagramm ausarbeiten<br>VIII. Weiteres Vorgehen klären (Konfliktpaare identifizieren) | Kinder |
| IX. Systemgesetzverletzungen paarweise zwischen Eltern und Kindern sowie zwischen den Kindern auflösen | Paarweise oder mit den Eltern |
| X. Unternehmensnachfolge planen – Sachebene einbeziehen, Rollenklärung, Aufgaben für den Senior außerhalb der Firma, ... | Eltern, Kinder und Berater (Steuern, Recht usw.) |
| XI. Konflikte klären im Unternehmen (s. dazu das Vorgehen bei einer Teamentwicklung, Teamvision, Teamrollen) | Eltern, Kinder und Mitarbeiter des Unternehmens |

# AUSBLICK

Die Einhaltung der Systemgesetze ist das Fundament, dass wenige Konflikte entstehen und dass eine Beziehung oder Kommunikation langfristig funktionieren kann. Trotzdem wird es immer zu Systemgesetzverletzungen kommen, die jedoch in den meisten Fällen aufgelöst werden können. Ich sehe es als meine Aufgabe an, dieses Wissen in die Welt zu bringen, indem ich Menschen zum CoachMediator ausbilde oder als CoachMediator mit Privatpersonen oder Unternehmen arbeite und dort Konflikte auflöse. Das vorliegende Buch ist nun das dritte neben meinem ersten Buch »Coachen und Führen mit System« und dem zweiten Buch »Persönlichkeitsentwicklung mit System«, das dieses Wissen weitergibt. Im letzten Kapitel wird die Unternehmensnachfolge angesprochen. Ein ausführlicheres Buch zur Unternehmensnachfolge habe ich mit zwei Kollegen in Angriff genommen.
Die Systemgesetze integriere ich in die Bereiche Informationssicherheit, Changemanagement, Gesundheitsmanagement, Personal- und Persönlichkeitsentwicklung. Sie sind die Basis für eine bessere Welt.

Viel Wirkung und Freude wünscht Ihnen
Dr. Dieter Bischop

# Literaturverzeichnis

Bateson, Gregory, 1994: Ökologie des Geistes, Frankfurt am Main, Suhrkamp.

Berne, E., 1967: Spiele der Erwachsenen. Psychologie der menschlichen Beziehungen. Reinbek, Rowohlt.

Bischop, Dieter, 2010: Coachen und Führen mit System. Als Coach, Mediator und Führungskraft systematisch Wirkung erzielen, Kiel, Ludwig.

Ders., 2014: Persönlichkeitsentwicklung mit System. Mit Selbstvertrauen und Stärke als Führungskraft, Coach und Mediator wirken, Kiel, Ludwig.

Dilts, Robert B./Hallbom, Tim/Smith, Suzi, 1991: Identität, Glaubenssysteme und Gesundheit, Paderborn, Junfermann.

Dilts, Robert B., 1993: Die Veränderung von Glaubenssystemen – NLP Glaubensarbeit, Paderborn, Junfermann.

Ders., 2005: Professionelles Coaching mit NLP, Paderborn, Junfermann.

Fischer, Roger/Ury, William/Patton, Bruce, 2001: Das Havard-Konzept, Sachgerecht verhandeln – erfolgreich verhandeln, Frankfurt, Campus.

Gersick, Kelin E./Stone, Deanne/ Grady, Katherine und Desjardins, Michele, 2004: Generations of Giving: Leadership and Continuity in Family Foundations, Lexington Books.

Grinder, John/Bandler, Richard, 1994: Therapie in Trance. Hypnose: Kommunikation mit dem Unbewußten, Stuttgart, Klett-Cotta.

Harris, T. A., 1975: Ich bin o.k. Du bist o.k. Wie wir uns selbst besser verstehen und unsere Einstellung zu anderen verändern können. Eine Einführung in die Transaktionsanalyse. Rowohlt Taschenbuch Verlag, Reinbek (Neuaufl. 2002).

Hellinger, Bert, 2001: Ordnungen der Liebe, München, Knaur.

Horn, Klaus Peter/Brick, Regine, 2001: Das verborgene Netzwerk der Macht, Offenbach, Gabal.

Hercksen, Bernd, 2010: Vom Urpatriarchat zum globalen Crash?, Aachen, Shaker Media.

Kessler, Heinrich/Winkelhofer, Georg, 1999: Projektmanagement. Leitfaden zur Steuerung und Führung von Projekten, Berlin, Springer.

Rosenberg, Marshall B., 2012: Gewaltfreie Kommunikation: Eine Sprache des Lebens, Jungfermann Verlag.

Senge, Peter/Kleiner, Art/Smith, Bryan/Roberts, Charlotte/Ross, Richard, 1997: Das Fieldbook zur Fünften Disziplin, Stuttgart, Klett-Cotta.

Senge, Peter, 1998: Die fünfte Disziplin. Kunst und Praxis der lernenden Organisation, Stuttgart, Klett-Cotta.

Sparrer, Insa, 2001: Wunder, Lösung und System. Lösungsfokussierte Systemische Strukturaufstellungen für Therapie und Organisationsberatung, Heidelberg, Carl-Auer-Systeme.

Stahl, Thies, 1996: Neurolinguistisches Programmieren (NLP). Was es kann, wie es wirkt und wem es hilft, Mannheim, Pal.

# Register

## Über den Autor

Dr. Dieter Bischop Jahrgang 1966, Gründer und Leiter des Hanseatischen Instituts für Coaching, Mediation & Führung. Er ist promovierter Quantenphysiker, CoachMediator, systemischer Unternehmensberater und Ausbilder für Coaching und Mediation (CoachMediator). Zu seinen Arbeitsschwerpunkten zählen Organisations- und Teamentwicklung, Führung, Konfliktlösung und Work-Life-Balance sowie die Unterstützung bei der Nachfolgeregelung in Familienunternehmen. Er entwickelt seit 1998 neue wirkungsvolle Mediations- und Coachingtools.

Kontakt zu Dr. Dieter Bischop
bischop@hanseatisches-institut.de
www.hanseatisches-institut.de

P R A X I S & E R F O L G

Nils Borstnar / Gesa Köhrmann
**Selbstmanagement mit System**
*Das Leben proaktiv gestalten*
Praxis & Erfolg, Band 1
256 Seiten, 58 Grafiken und 61 S/W-Illustr., Broschur,
ISBN: 978-3-933598-78-3

Karen Bestmann / Babette Leyer
**Servicequalität mit System**
*Eine Servicephilosophie praktisch entwickeln*
Praxis & Erfolg, Band 2
192 Seiten, 49 Grafiken und 13 S/W-Illustr., Broschur,
ISBN: 978-3-933598-79-0

Martin H.W. Möllers
**Business-Knigge**
*Internationales Lexikon des guten Benehmens*
Praxis & Erfolg, Band 3
264 Seiten, Broschur,
ISBN: 978-3-937719-06-1

P R A X I S & E R F O L G

Martin H.W. Möllers

**Vermögensaufbau und Altersvorsorge**

*Lexikon zur finanziellen Freiheit*

Praxis & Erfolg, Band 5

256 Seiten, Broschur,

ISBN: 978-3-937719-32-0

Anja Müller / Dorothee Schönheid

**Neue Chancen durch Teilzeitarbeit**

*Ein Ratgeber mit Erfahrungsberichten*

Praxis & Erfolg, Band 6

202 Seiten, Broschur,

ISBN: 978-3-937719-48-1

Dieter Bischop

**Coachen und Führen mit System**

*Als Führungskraft, Coach und Mediator systematisch Wirkung erzielen*

Praxis & Erfolg, Band 7

288 Seiten, 140 S/W-Abb., Broschur

ISBN: 978-3-86935-009-7

P R A X I S & E R F O L G

Nils Borstnar / Karen Bestmann
**Präsentation und Selbstmarketing**
*Sicher und wirkungsvoll auftreten*
Praxis & Erfolg, Band 8
160 Seiten, 44 S/W-Abb., Broschur,
ISBN: 978-3-86935-041-7

Dieter Bischop; Nils Borstnar (Hrsg.)
**Persönlichkeitsentwicklung mit System**
*Mit Selbstvertrauen und Stärke als Führungskraft, Coach und Mediator wirken*
Praxis & Erfolg, Band 10
184 Seiten, ca. 75 S/W-Abb., Broschur
ISBN: 978-3-86935-210-7

Dieter Bischop
**Selbst-Coaching: Entwickle deine Persönlichkeit**
*Kraftquelle und Inspiration Woche für Woche – Tischaufsteller*
108 Seiten, 53 Farbabbildungen, Wire-O-Bindung
ISBN: 978-3-86935-252-7